融媒体时代

机关事业单位宣传工作转型

何　菁　孙震丹　吴亚祺　诸葛寰宇　著

中国·武汉

图书在版编目(CIP)数据

融媒体时代：机关事业单位宣传工作转型/何菁等著．— 武汉：华中科技大学出版社，2022.5
ISBN 978-7-5680-8061-3

Ⅰ.①融… Ⅱ.①何… Ⅲ.①行政事业单位–传播媒介–建设–研究–中国 Ⅳ.①G206.2

中国版本图书馆CIP数据核字(2022)第052509号

融媒体时代：机关事业单位宣传工作转型　　　　　　何　菁　孙震丹
Rongmeiti Shidai：Jiguan Shiye Danwei Xuanchuan　　　　　　　　　　　　著
Gongzuo Zhuanxing　　　　　　　　　　　　　吴亚祺　诸葛寰宇

策划编辑：沈　柳
责任编辑：沈　柳
装帧设计：琥珀视觉
责任校对：刘　竣
责任监印：朱　玢

出版发行：华中科技大学出版社(中国·武汉)　　　电话：(027)81321913
　　　　　武汉市东湖新技术开发区华工科技园　　邮编：430223

录　　排：湖北新华印务有限公司
印　　刷：武汉科源印刷设计有限公司
开　　本：710mm×1000mm　1/16
印　　张：14.5
字　　数：231千字
版　　次：2022年5月第1版第1次印刷
定　　价：49.80元

　　　　　　　本书若有印装质量问题，请向出版社营销中心调换
　　　　　　　全国免费服务热线：400-6679-118　竭诚为您服务
　　　　　　　版权所有　侵权必究

本书简介

本书聚焦于机关事业单位建立融媒体中心的具体方案与实践举措。作者分析了不同时期新旧媒体的兴衰过程、融媒体的优势与特点、机关事业单位的宣传工作情况及存在的问题等，目的是帮助读者理解融媒体对机关事业单位宣传工作的促进作用。本书结合不同领域建立融媒体中心的案例进行说明，给机关事业单位组建融媒体中心提供建议，帮助新闻宣传从业人员在融媒体时代应对危机与挑战，帮助读者理解组建融媒体中心的风险规避、信息平台规划等关键问题以及5G时代的融媒体对宣传与传播工作的裨益。在本书的最后，作者给出了机关事业单位宣传工作中常见的融媒体文案案例参考，是读者了解融媒体中心在事业单位或政府机关落地的解决方案的最理想的阅读材料。

本书是一本指导手册，可以帮助读者快速了解"媒体融合""融媒体""新媒体"等令人眼花缭乱的新兴词汇。此外，编写团队对机关事业单位的宣传工作做过大量的研究，了解其组织形态、体制限制，并通过工作实践解决了在机关事业单位推进融媒体中心建设的若干问题。编写团队希望能够有效帮助机关事业单位的宣传部门深化业务发展与职能改革，降低深化宣传工作改革过程中可能遇到的风险。本书包含对融媒体中心的思想建设、制度建设、团队建设、流程建设、专业能力建设、评估考核体系建设、平台系统建设的举措和建议，以及具体的文案案例。下一步，编写团队会做一个网站，以便提供更多案例给大家。

本书也对智能时代的如下方面进行了分析，具体包括5G、人工智能、区块链、大数据等智能技术，智能采编，全景直播及短视频资源分发、个性化精准传播，去中心化、可信任的全民反馈机制，可视化宣传工作的绩效管理与业务优化等，为机关事业单位的宣传工作效率提升、高效落实上级思政工作、塑造更为统一的品牌形象、提高社会影响力、提供更为精准的产品营销手段和便捷的用户服务沟通反馈方式创造更多的技术与业务发展可能。

本书的读者对象

本书对政府机关、事业单位宣传部门的专业人员非常有价值。然而,编写团队编写本书,不仅仅是为了那些从事新闻宣传工作的人员,同时也帮助在大学就读新闻传媒专业的学生了解行业的知识和实践现状。事实上,宣传正在逐渐成为最有价值的活动之一,无论读者从事何种工作,了解宣传和传播都将对读者的职业发展很有好处。具体而言,本书的读者大概包括如下几类:

非新闻行业从业人员:无论您是职场"小白"、骨干,还是高管,想要在职场中生存,不仅要会干活,更要会宣传。当然,只懂得宣传而不会干,那就是吹牛皮,这不是我们鼓励的做法,但是您如果只懂得干,而不懂得宣传,那么您做的一切都是无用功。当您完成了上级交代的任务或做出了一些成绩,您该如何去宣传,让大家了解、肯定,甚至表彰您呢?针对不同的事件,如何宣传才能取得最好的效用?该如何与不同的对象交流?如何扩大传播态势、扩大工作的影响力呢?本书对您在职场上贴近群众、展现业绩、站稳脚跟有极好的帮助。

新闻专业人士:5G智能时代的来临,对融媒体宣传工作产生了深远的影响,对新闻宣传从业人员提出了创新力、敏捷力、批判力、数据素养、机器素养等更高的从业要求,因此阅读本书,可以让您更快地跟上时代发展的步伐。

专业学生:对新闻传媒专业的学生来说,这本书不同于与新闻传媒理论、新闻写作相关的枯燥的教科书,它更偏向于实战,可以让大家快速了解不同时期媒体发展的情况,了解政府机关、事业单位、企业新闻宣传工作的异同,了解宣传部门的工作范围、职责、内容、特点,以及融媒体时代对未来从业人员的要求。相信这本书对您会有很大的帮助。

想要在事业上取得成功,您就必须懂宣传,会传播。书中的思想和方法一定会改变您对生活和职业发展的看法,帮助您取得更大的成就。

让我们打开这本书,一起思考,一起探寻吧。

序言

"融媒体""融媒体中心""全媒体""媒体融合""新兴媒体""自媒体"等都是近几年新闻传媒领域最火爆的词汇,我与朋友们也时常讨论,又因为我的朋友们都在机关事业单位的新闻宣传部门工作,所以在讨论过程中,我们决定做一件新鲜事——编写《融媒体时代:机关事业单位宣传工作转型》这本书,相信我们的观点会为大家带来新的参考和启发。

中国经济与互联网的高速发展,通讯流量日趋免费,电脑、手机不断普及,使得人们的日常生活、工作、学习发生了天翻地覆的变化。中国互联网络信息中心(CNNIC)发布第49次《中国互联网络发展状况统计报告》:截至2021年12月,我国网民规模为10.32亿,互联网普及率达73.0%。过去的传播手段在宣传扁平化、可监管性、传播精准度、反馈速度方面存在短板,显得不合时宜,阻碍了宣传工作的发展和进步,因此需要突破和创新。

近两年,国家高度重视加快推动媒体融合发展,构建全媒体传播格局。2019年1月25日,中共中央政治局就全媒体时代和媒体融合发展进行了第十二次集体学习。

国家为何高度重视宣传工作?相信与近几年的法国"黄背心"运动、"港独""台独"等分裂、颠覆国家事件增多有关,幕后黑手不仅使用武力战争、金融战争、信息战争的手段,还企图掌控舆论战这一利器。舆论宣传能力是国家传播力、引导力、影响力、公信力的重要体现。

舆论宣传工作要从何处着手?截至2019年12月31日,中国有2846个县级行政区,常住人口占全国总人口的60%还多。县级媒体是最基层、最贴近群众的媒体,是舆论宣传工作的基础和最前线,是国家宣传触角的"最后一千米",但是,县级媒体面临着严重的生存危机,如体制机制问题、广告创收持续走低、市场化能力不足、人才短缺、财政难保障等,因而缺乏吸引力,影响力低微,无法更好地行使职能,亟须改革。

为建立密切联系群众的重要渠道,建立听取民意的最短路径,传播治国安邦的正确意识形态,集中反映民生等领域的诉求,我国优先对舆论宣传的薄弱环节动了"大手术",将县广播电视台、县党委政府开办的网站、内部报刊、APP客户端、微信公众号、微博等所有县域公共媒体资源整合起来,在全国推动县级融媒体中心建设,补足基层宣传思想工作的"短板",推动县级媒体转型升级。

我们深刻地感受到媒体融合所带来的价值和意义。建立融媒体中心无疑会对宣传单位现有的思维模式、组织结构和业务生产流程产生巨大影响,不仅会提升县级媒体的传播力、引导力、影响力,也会为很多媒体、企业带来新的机遇和挑战。事实上,我们在机关事业单位工作中,更希望通过建立融媒体中心改变机关事业单位宣传工作的现状。

机关事业单位是政府机关和事业单位的统称。政府机关是指国家机关,即国家为行使其职能而设立的各种机构,是专司国家权力和国家管理职能的组织,包括中央和地方各级组织。事业单位是指由国家行政机关举办,受国家行政机关领导,没有生产收入,所需经费由公共财政支出,不实行经济核算,主要提供教育、科技、文化、卫生等非物质生产和劳务服务的社会公共组织。二者虽然性质不同,但它们有着千丝万缕的联系,因而在机构设置、人员配备、公务流程等方面较为一致。

拿事业单位来说,它是从事教育、科技、文化、卫生等公共服务和公益活动的社会服务组织,根据2021年2月公布的数据,我国的事业单位共有111万个,事业编制岗位3153万个,900万事业编制岗位离退休人员。这些事业单位的工作人员不仅要服从国家党政、组织、监察审计、工会等的管理,还要履行其社会责任,创造社会效益,满足国有资产对其经济效益的发展要求。这是一个由高学历、高智商的人才组成的庞大群体,影响着国家的政策制定、舆论发展与经济建设导向。然而,由于体制机制的限制,一些事业单位对宣传工作的重视程度不够、专业能力不足、品牌意识薄弱、业务分散、传播手段老旧、服务意识不强,这些问题也亟待解决。

我们相信,在国家推动融媒体建设的过程中,机关事业单位无论业务规模是大是小,都将参与到媒体融合的业务中去,在政府机关和事业单位中建立融媒体中心势在必行!

目录

第一章 融媒体的前世今生 1

第一节 逐渐淡出视野的传统媒体 / 2
第二节 信息时代与新媒体：进步的引擎 / 5
第三节 媒体融合的大整顿：5G时代，换一种思考的传播方式 / 9
第四节 融媒体的大趋势 / 14

第二章 机关事业单位与融媒体 21

第一节 为什么人人都要懂宣传 / 22
第二节 机关事业单位与新闻宣传 / 25

第三章 融媒体案例分析 37

第一节 以《人民日报》为例 / 38
第二节 以长兴县融媒体中心为例 / 48
第三节 以《中国教育报》为例 / 56
第四节 以上海移动为例 / 66

第四章 融媒体中心实战 73

第一节 重建管理架构 / 75
第二节 关注八项变革 / 83
第三节 警惕五点风险 / 89

	第四节	善用媒体工具/ 91
	第五节	打造专业队伍/ 107
	第六节	建立反馈机制/ 110

第五章 建设融媒体宣传工作平台 113

	第一节	宣传工作的信息化发展历程/ 114
	第二节	为何要建立融媒体平台？/ 116
	第三节	融媒体中心业务模型/ 120
	第四节	融媒体宣传工作平台总体架构/ 122

第六章 智媒体迎接未来 131

	第一节	新智能技术的蓬勃发展/ 132
	第二节	智媒体是什么？/ 133
	第三节	智媒体的产业升级/ 135
	第四节	5G 与融媒体/ 137
	第五节	人工智能与融媒体/ 140
	第六节	大数据与融媒体/ 146
	第七节	区块链与融媒体/ 151

第七章 工作模板 159

	第一节	官方网站会议报道模板/ 162
	第二节	微博互动模板/ 168
	第三节	微信公众号软文模板/ 175
	第四节	抖音、快手短视频案例/ 187
	第五节	采访活动策划方案模板/ 194
	第六节	报刊深度报道模板/ 204
	第七节	舆情危机处置案例/ 214

第一章
融媒体的
前世今生

第一节　逐渐淡出视野的传统媒体

媒体(media)一词来源于拉丁语词汇"Medius",译为"媒介",意为"两者之间"。媒体是指传播信息的媒介,微观上来讲,它是人们用来获取信息与传递信息的工具、渠道、载体、中介和技术手段;宏观上来讲,它是将信息从信息源传递到受信者的一切技术手段。媒体有两层含义:一是承载信息的载体,二是储存、呈现、处理、传递信息的实体。

"传统媒体"这个词实际上是一个有对比含义的名词,"传统媒体"是相较"新媒体"(新诞生的微信公众号、微博等新媒体)而言的。传统媒体包括电视、广播、报纸、杂志,甚至户外媒体,如路牌、灯箱的广告位等。传统媒体的功能是对一定量的社会信息进行宣传或者实现社会中各个主体的交流,是人类社会发展的阶段性产物。

一、电视机

电视机是指使用电子技术传送活动的图像画面和音频信号的设备,即电视接收机,是重要的广播和视频通信工具。电视机是由英国工程师约翰·洛吉·贝尔德在1925年发明的。电视利用电信号,传送活动的视觉图像。同电影相似,电视显现一帧帧渐变的静止图像,利用人眼的视觉残留效应形成视觉上的活动图像。电视系统发送端把画面的各细微部分按亮度和色度转换为电信号后,按顺序传送,并在接收端按相应几何位置显现各细微部分的亮度和色度来重现原始图像。科学技术的进步,是电视机迅速普及的一个重要原因。各国电视信号扫描制式与频道宽带不完全相同,按国际无线电咨询委员会(CCIR)的建议,用拉丁字母来区分。

电视机融合了报纸和广播的特点,声画结合,是一个直观感很强的平台,但是作为传统媒体,电视仍然无法摆脱传统媒体的通病,那就是交互性不够强。

二、广播

广播是指通过无线电波或导线传送声音的传播工具。通过无线电波传送节目叫作无线广播,通过导线传送节目叫作有线广播。广播的优势是对象范围广泛、传播迅速、功能多样、感染力强,劣势是转瞬即逝、顺序收听、不能选择、仅有语音内容,没有文字辅助,语言不通则收听困难。广播是靠声音来传播的。声音的魅力在于它不仅能传播信息,还能在信息中融入传播方的认知,从而帮助、引导人们理解、接受信息。广播的魅力还在于,因为广播的内容不受阅读能力的限制,所以广播适合所有人。广播还有可移动性和便携性的优点,人们可以随时随地、很方便地从广播中了解最新的信息。广播的各种费用,包括其自身的运营成本和受众的接收成本,都是最低的。

三、报纸

报纸是以刊载新闻和时事评论为主的、定期向公众发行的印刷出版物是大众传播的重要载体,具有引导社会舆论的功能。一般把于1615年创刊的《法兰克福新闻》视为第一张"真正的"报纸,因为该报有固定名称,每周定期出版一次,每张纸上印有数条而不是单条新闻(该报是单面印刷)。粗略地看,报纸的类型有三种划分形式:按照内容来划分,有综合性报纸、专业性报纸;按照出版时间来划分,有日报、晚报等;按照发行范围来划分,有全国性报纸、地方性报纸。收入水平、受教育程度、年龄、民族背景不同的人也都可以是报纸的读者。

报纸的优势是受众广泛、版面内容多并传播面广、阅读不受时间限制等;劣势是受截稿时间及出版因素影响,报纸不能提供最新资讯与及时更正讯息,纸张过多会导致携带及传阅的不便,图片和文字在电视和电台的对比下,震撼力和感染力比较小等。

四、杂志

杂志是有固定刊名，以期、卷、号或年、月为序，定期或不定期连续出版的印刷出版物。世界上最早的杂志是于1665年1月由法国人萨罗在阿姆斯特丹出版的《学者杂志》。杂志的雏形是罢工、罢课或战争中出现的宣传小册子，这种手册与报纸类似，兼顾了新闻报道和时事评论，满足了人们对资讯和评论的双重需求。

杂志的类型有四种划分形式：按内容来划分，可分为综合性期刊与专业性期刊；按学科来划分，可分为社科期刊、科技期刊、普及期刊等；按出版时间来划分，可分为半月刊、月刊、季刊等；按读者对象来划分，可分为青年杂志、高校杂志、妇女杂志、工人杂志、干部杂志、知识分子杂志、军人杂志等；按性质来划分，可分为学术性期刊、教育性期刊、启蒙性期刊、娱乐性期刊等。

杂志的优势是读者集中稳定，杂志内容针对性强，可反复阅读，有效期长，信息传递率较高，印刷技术和用纸讲究，发行量大并且发行面广，许多杂志具有全国性影响，甚至有世界性影响；杂志的劣势是出版周期长、时效性不够强，部分杂志专业性较强、阅读范围受到限制，感染力相比电子媒体来说稍逊一等。

相较新媒体而言，传统媒体受众的数量更大，拥有更好的市场基础，相对成熟和稳定，有能针对性地为部分读者提供精准的信息、及时提供准确的新闻报道、便于民众对其进行保存与查阅等优势，但同时也存在着信息传播方式过于僵化，程式过于固定的问题。受传播方式的影响以及自身技术发展较慢的制约，传统媒体难以跟上当下科技发展的脚步。

第二节 信息时代与新媒体:进步的引擎

"新媒体"这一概念的提出可以追溯到1967年,时任美国哥伦比亚电视网技术研究所所长的戈尔德马克提出了一个开发电子录像商品的计划,他在计划书中把电子录像称为"新媒体","新媒体"一词自此产生。把"新媒体"一词发扬光大的是美国传播政策总统特别委员会的主席E.罗斯托。1969年,罗斯托在向尼克松总统提交的报告书中多次使用"新媒体"一词,"新媒体"一词开始在美国社会流行,并在不久以后扩散到全世界。"新媒体"一词从21世纪初开始在我国流行。

新媒体是利用数字技术,通过计算机网络、无线通信网、卫星等渠道,利用电脑、手机、数字电视机等终端,向用户提供信息和服务的传播形态。从空间上来看,新媒体特指当下与传统媒体相对应的,以数字压缩和无线网络技术为支撑,利用其大容量、实时性和交互性跨越地理界限并最终实现全球化的媒体。

广义的新媒体包括两大类:一是技术进步所引发的媒体形态的变革,尤其是基于无线通信技术和网络技术而出现的媒体形态,如数字电视、IPTV(交互式网络电视)、手机终端等;二是随着人们生活方式的改变,以前就已经存在,但是现在才被应用于信息传播的载体,例如楼宇电视、车载电视等。狭义的新媒体仅指第一类,即基于技术进步而产生的媒体形态。

实际上,新媒体可以被视为新技术的产物,数字化、多媒体、网络等最新技术均是新媒体出现的必要条件。新媒体诞生以后,媒介传播的形态就发生了天翻地覆的变化,比如地铁广告屏、写字楼大屏幕等,都是将传统媒体的传播内容移植到了全新的传播媒介上。这种变化包含如下几个技术要素：首先，数字化的出现使大量的传统媒体加入了新媒体的阵营，这一改变主要呈现为媒体的技术变革，不论是内容存储的数字化，还是传播的数字化，都大幅度提高了媒介的传播效率。其次，媒介形态也因新技术的诞生而呈现多样化的面貌，传统媒体的内容移植到了网络电视、网络广播、电子阅读器等新媒介的平台上。

一、手机媒体

手机媒体是借助手机来进行信息传播的媒体。随着通信技术、计算机技术的发展，手机逐渐成为具有通讯功能的迷你电脑。手机媒体是网络媒体的延伸，它除了具有网络媒体的优势之外，还具有携带方便的特点。手机媒体真正跨越了地域和电脑载体的限制，拥有声音和振动提示，接受方式由静态向动态转变，受众的重要性提高，可以自主选择和发布信息，信息的及时互动或暂时延宕得以自主实现，将大众传播与人际沟通完美结合在一起。

二、数字电视

数字电视是指从演播室到发射、传输、接收的所有环节都是使用数字电视信号或所有的信号都是通过由0、1数字串所构成的数字流来传播的电视类型。数字信号的传播速率是每秒19.39兆字节，如此大的数据流保证了数字电视的高清晰度，克服了模拟电视的缺陷。

三、互联网新媒体

互联网新媒体包括网络电视、博客、播客、视频、电子杂志等。

网络电视是以宽带网络为支持，通过电视服务器将传统的卫星电视节目重新编码成流媒体的形式，经网络传输给用户的一种视讯服务。网络电视具有互动个性化、节目多样化、收看便捷化等特点。

博客是指网络日志，这是一种个人传播自己的思想、带有知识集合链接的传播载体。"发博客"是指在博客的虚拟空间中发布文章等形式的信息的过程。博客有三大主要作用：个人自由表达、知识过滤与积累、深度交流沟通。

播客通常是指自我录制、并通过网络发布的广播节目。

视频泛指将一系列的静态影像以电信号的方式加以捕捉、记录、处理、储存、传送与重现的各种技术。连续的图像变化在每秒多于24个画面时,根据视觉暂留原理,人眼无法辨别单幅的静态画面,所以得到了平滑、连续的视觉效果,这样连续的画面叫作视频。同时,视频也指新兴的交流、沟通工具,用户可通过视频看到影像,听到声音,是可视电话的雏形。视频技术最早是为了电视系统而发明的,但是现在已经出现各种不同格式的视频,以便人们使用。网络技术的进步也促使视频以串流媒体的形式存在于网络之中,并能被电脑接收与播放。

电子杂志一般是指用Flash将音频、视频、图片、文字及动画等集成展示的一种新媒体,因展示形式类似传统杂志,可以实现翻页效果,故名电子杂志。电子杂志一般比较大,小则几兆,大则几十兆甚至上百兆。一般电子杂志网站都提供APP客户端订阅器,供用户下载与订阅杂志。订阅器多采用流行的P2P技术,以加快下载速度。电子杂志是Web2.0的代表性应用之一,它具有发行方便、发行量大、分众等特点。

四、户外新媒体

户外新媒体是有别于传统的户外媒体(如广告牌、灯箱、车体等)的新型户外媒体。户外新媒体以液晶电视为载体,如楼宇电视、公交电视、地铁电视、列车电视、航空电视、大型LED屏等,主要应用了新材料、新技术、新媒体、新设备并与传统户外媒体相结合,使传统的户外媒体有了质的提升。

以数字技术为代表的新媒体,其最大特点是打破了媒介之间的壁垒,消融了媒体介质、地域、行政、参与者之间的边界。新媒体的交互性极强,其独特的网络介质使得信息传播者与接受者的关系走向平等,受众不再轻易受媒体摆布,而是可以通过互动,发出更多的声音,影响信息传播者。新媒体还表现出以下几个特征:

(一)受众体验互动化

互动性是传统媒体和新媒体的最大区别。传统媒体的受众很少能主动表达自己的观点和看法,也根本无法互动;而新媒体则不同,受众通过数字接收终端,随时可以互动,包括但不限于根据个人喜好来选择信息,并下载、转发,充分满足了受众的个性化需求。网络媒体和手机媒体的互动性表现得尤为突出,受众可以随时对新闻事件发表自己的意见和看法。在各种社区、论坛中,受众与媒体、受众与受众的互动时时刻刻都在进行。

(二)受众选择多样化

从技术层面上讲,通过新媒体,人人都可以接受信息,人人也都可以充当信息的发布者,用户可以一边看电视节目,一边播放音乐,还能同时参与节目投票和检索信息。新媒体打破了只有新闻机构才能发布新闻的限制,充分满足了信息消费者的细分需求。与主导受众型的传统媒体不同,新媒体是受众主导型的,受众有更多的选择。

(三)媒体形式个性化

由于技术的原因,以往所有的媒体几乎都是面向大众的,而新媒体可以做到针对细分领域的受众,甚至可以直接面向个人,比如个人可以通过新媒体"定制"新闻。这样一来,每个新媒体受众最终接收到的信息可以是一样的,也可以是完全不同的,这与传统媒体的受众只能被动地阅读或者观看毫无差别的内容有很大不同。

(四)传播方式多样化

传统媒介都是单向、线性传播的。报纸写什么,读者就读什么;广播说什么,听众就听什么;电视播什么,观众就看什么。这是一种"一点对多点"的传播。传统广播的最大缺陷就是不易保存、稍纵即逝。新媒体则利用推送技术,将各种内容一次传输到接收终端,用户可以根据自己的需要进行暂停、倒退、前进等操作。用户既可以与用户之间进行节目内容的交流,也可以传输、发布自己制作的数字内容。手机媒体属于通信式传播,是一种"点对点、多点对多点、多点对点"的传播,其传播方式的非线性特点是显而易见的。

(五)表现形式多样化

新媒体的表现形式多样,可融文字、音频、画面为一体,实现即时地、无限地扩展内容,从而使信息变得生动活泼。除了大容量之外,新媒体还有易检索的特点,可以随时查询存储起来的内容,非常方便。

(六)信息发布实时化

与广播、电视相比,新媒体没有时间限制,可以随时进行加工、发布。新媒体用软件和网页来呈现内容,可以轻松地实现24小时在线。

第三节　媒体融合的大整顿：5G时代，换一种思考的传播方式

　　5G是"第五代移动通信技术"的简称，一般认为它具有 1—20Gbps 的峰值速率、10—100Mbps 的传输速率、1—10 毫秒的端到端延时、1—100 倍的网络能耗效率提升。目前，中国、美国、韩国、日本等国家正在投入大量资源，加紧研发、启用 5G 网络。在信息通信技术飞速发展的当下，5G 技术的全面商用化近在咫尺、指日可待，与此同时，5G 技术对社会生活领域的影响，引起了社会各界的广泛关注。

　　5G 技术的诞生、发展和应用，将深刻改变人类的生产和生活面貌，推动全新的信息革命。在这场信息革命中，媒体无疑将受到更为深刻的影响。2014 年，媒体融合被定位为国家战略，受到学界和业界的普遍关注。媒体融合的进程不断纵深发展，在 2019 年 2 月 25 日的媒体深度融合工作推进会上，中共中央政治局委员、中宣部部长黄坤明明确指出，媒体融合是一场不容回避的"自我革命"，要强化技术创新的引领驱动。2019 年作为"5G 元年"，是媒体融合发展进程中的一个转折点。当 5G 与媒体融合相遇，我们对媒体融合的未来发展就有了更多的期待。

一、媒体融合需要运用跨界思维

　　跨界是媒体融合的必然要求，否则融合只是原有媒体平台或渠道的简单叠加，在媒体形态与业务领域上不会有大的突破，也不会有创新产品涌现。因此，在媒体融合中，跨界思维非常重要。跨界主要包括主动跨界、合作跨界、有机生态跨界、跨界混搭及跨界关联策略。在媒体融合不断推进的背景

下,跨界融合方面将有更多的尝试与努力,至少表现在三个方面:

第一,多类型媒体形态的跨界将增多。传统媒体不仅仅是将报纸、杂志、广播及电视进行简单的叠加,而是不断跨界到更多的媒体形态中去。人民网研究院发布的《2018中国媒体融合传播指数报告》的表明,报纸、广播、电视网站、自建APP客户端等自有平台的覆盖率,以及在微博、微信、聚合新闻APP客户端、聚合音频APP客户端、聚合视频APP客户端等第三方平台的入驻率都超过了90%。报纸、广播在第三方平台的受众数的总和均值都超过了其自有渠道、平台的受众数总和均值。中国新闻史学会应用新闻传播学会发布的《媒体抖音元年:2018发展研究报告》显示,在2018年,抖音上经过认证的媒体账号超过了1340个。在媒体融合的不断演进中,传统媒体会更多地跨界,抢占主流第三方平台的高地。

第二,多方向业务延伸的跨界将增多。在媒体融合不断推进的过程中,原有的媒体业务生态会不断拓展,进而延伸到许多过去被忽视的业务领域,并进军一些崭新的业务领域。例如,一些行业类的传统媒体在过去传统媒体主营业务领域优势的基础上,可以举办该行业的研讨会,发布该行业的研究报告,甚至组织该行业的专题及未来趋势研究,牵头建立该行业的相关智库。近年来,南方报业传媒集团逐步打造了包括南方经济智库、南方法治智库、南方城市智库、南方教育智库、南方党建智库、南方数字政府研究院、广东乡村振兴服务中心、南方周末研究院、南都大数据研究院、南方舆情数据研究院等在内的系列传媒智库,这在以往是令人难以想象的。

第三,多行业创新产品的跨界将增多。媒体跨界的各种可能性都有,关键看媒体内部的人才队伍、资源优势及跨界合作的范围。例如,河南日报报业集团近年来做了许多创新产品的跨界尝试,建设了河南省在线教育课程平台,并大力发展青少年培训产业及合作开发美术教育培训产业,还涉足幼儿教育产业,建立幼儿园。又比如,昆明报业传媒集团旗下的《都市时报》的摄影部从一个功能单一的业务部门,成功转型为兼具经营与服务功能的综合创收机构,在深耕省内业务的基础上,拓展了与新加坡旅游局等合作的境外业务,2018年完成经营创收560万元。当然,这类创新比第二点所述的业务延伸的难度要大得多。

二、媒体融合集约化传播通道

在全媒体时代背景下,相较于传统媒体而言,新媒体的优势体现在信息覆盖范围广、信息获取及时、获取便捷、信息交互性佳以及传播成本低等方面。为了将新媒体的这些优势利用起来,并促进传统媒体的发展,就需要积极展开两者的合作,搭建融合新媒体与传统媒体的数字化技术平台,将传统媒体所制作的所有媒体资源放入新媒体平台当中,为受众查阅各类型的新闻内容提供便利。同时,还可利用微信、微博等新型社交平台展开对传统媒体的宣传,降低传播成本,同时扩大受众覆盖范围。新媒体与传统媒体之间的融合方式主要是拓宽原有媒体内容的传播渠道,以最低的成本获得最好的效果。

好的内容需要好的传播渠道。传统媒体的内容再丰富,依然难以吸引大量固定读者,这就需要传统媒体在借助新媒体进行渠道传播的同时,还要做到:优化传播渠道,保证传播的内容真实有效;拓宽传播渠道,保证信息传播快、广、多;整合传播渠道,保证传播渠道全贯通,信息无阻碍。同时,通过技术创新,在网站建设时加上 RSS 等订阅系统服务等,无缝连接各种平台资源,实现信息内容生产链的聚合和信息产品传播链的裂变,进一步实现图书、报纸、期刊、网站、电视等各个媒体传播渠道的资源共享,真正做到高效的分众化、精准化传播。

除了对用户的各个方面进行调查研究之外,还可以对用户的需求进行个性化定制,以此实现传统传媒与新媒体之间渠道的融合。追踪用户的网络行为以及利用社会过滤分析等手段,对用户的需求进行深入分析和理解,在个性化用户信息需求的基础上,让用户体验个性化的信息服务。国外的科学类期刊尤为注重这一点,如爱思唯尔、科学、BMC 等期刊网站都需要用户用有效邮箱注册,网站会在一定时间(一般是 7—10 天)内通过邮件对用户进行筛查,用户有任何意见和建议也可以利用邮件的形式与网站的工作人员沟通,网站则自动将用户的喜好、习惯数据进行了记录。除了网站,移动客户端也是渠道融合的重中之重,利用其移动化、社交化等特点,匹配用户以及所属的圈子。随着互联网科技的不断发展,在移动客户端下足功夫,可以实现各渠道的相互呼应。

三、媒体融合立体化传播方式

传统媒体的主要传播介质是报纸、广播以及录音机等，其受众一般是被动地接收信息。传统媒体所使用的传播方式相对比较落后，使得传统媒体的实用性大大减弱，进而加剧了传统媒体所面临的危机。由于互联网的出现，特别是无线移动网络的急速发展，媒体发展进入了全民信息化时代，微信、微博等已成为广大网民的信息发布平台，人人都是"记者"。传播方式也由传统的文字、图片、视频向丰富多彩的表现形式发展。

新一代传播技术的应用，给信息生产方式和呈现方式带来了新变化，尤其是AR、VR等技术的出现，使得媒介组织的信息呈现由文本模式和视觉模式向用户体验模式转变。麦克卢汉的"媒介即人的延伸"理论在新媒体背景下得到了充分体现，例如，国外的YouTube等流媒体平台支持360度视频，BBC、ABC News等知名传播媒体在试点"VR+新闻"的呈现形式。在国内，部分媒体的全媒体平台采用VR形式报道新闻，用3D虚拟技术实现移动端视频直播厅的互动，爱奇艺、芒果TV等视频网站打造了VR频道，部分内容可以用VR设备观看。此外，未来还会有更多、更新的技术设备应用到传媒领域。

随着媒体融合时代的到来，移动客户端在当今的媒体中占有重要的地位，这对消费者的影响是广泛而深远的。在我国目前的移动客户端中，微博、微信、知乎、QQ等APP是受众最为广泛、影响最为深远的，其市场占有率与用户数量都是处于领先地位的。传统电台在媒体融合的背景下，不能故步自封，而是应该与移动客户端的这些主流APP相结合，发挥自己的独特优势，更好地满足消费者对于资讯的需求。在知乎APP中，我们可以看到电台是其中一个重要的组成部分，对用户产生了很多有利的影响。

四、媒体融合提高舆论引导力

近年来，全国各地的媒体纷纷打造新平台，从传统媒体电子版、报纸和网络互动到多媒体融合，打造传播效应，提高舆论引导力。在传播组织的联结整合上，表现为两方面。一是媒体横向融合，建立传媒集团，主要包括媒体合资、特许经营、共同开发与研究、相互持股等方式。南方报业集团控股南方网,结合了报网采编业务,成立了编辑委员会,最终构建了党报和报网互相促进、合作共赢的一体化发展模式。二是媒体纵向融合,即运行机制的融合,同一集团旗下的各个媒介平台围绕共同的目标统一调配,整合新闻资源,比如,我国中央级媒体人民日报社以新旧媒体融合方式发展至今,已经由过去的"一份报纸"转变为全媒体形态的"人民媒体方阵",打造了媒体矩阵式的"百宝箱",包含报纸、杂志、电视、广播、网站、手机报、电子屏、微博、微信等10多种载体以及数百个终端,极大地扩大了舆论引导的整体规模。重庆日报报业集团旗下的华龙网通过横纵向融合打造网络问政平台,为实现官方和民间的信息畅通搭建了新平台,提高了传播到达率和舆论引导力。四川省达州新闻网由达州市广播电影电视局主办,它联合达州电视台、达州人民广播电台、达州广播电视报、达州手持电视共同打造广电视听新闻网站,充分发挥了市级主流新闻网站在网络文化建设中的作用,编辑部积极推进网站机制体制创新,既保证了正确的舆论导向,又有利于新型管理机制焕发活力,形成了良性循环。

五、媒体融合可视化监测传播成效

进一步完善网上舆情发现、研判、处置、回应机制,依法加强对各类网站的监督管理,既要注重加强对"三微一端"等的监管,也要密切关注网上活跃人群的动向,加大对网上有害信息、网络谣言的整治力度,依法严厉打击网络违法违规行为,决不能让那些别有用心之人造谣生事、煽风点火、信口雌黄。要主动正面发声,有理、有利、有节地开展网上舆论斗争,端正认识,全面削减谎言、谣言和负面舆论的空间,把网民情绪引导到健康、理性的轨道上来。对网络舆情事件,各级领导干部要上一线,第一时间发布权威消息,最大限度地整治不良信息、虚假信息、网络谣言,培养"快速反应力量",建立、健全网上舆情的监测预警、应急指挥、引导调控体系,注重把握规律、锻炼本领,确保反应及时、行动快速、化解有力。

第四节　融媒体的大趋势

一、新媒体的特征和规律

"新媒体"一词诞生于美国，1967年由美国哥伦比亚广播公司技术研究所所长戈尔德马克率先提出，最初的定义是相对于传统媒体而言的，新媒体被定义为"基于现代数字技术、有别于传统媒体的传播媒介"。

新媒体作为一种新事物，特点鲜明，有其独特性，具体从技术层面、传播层面与应用层面进行界定。

（一）新媒体在技术上表现为"数字化"

数字化是以数字制式全面替代传统模拟制式的转变过程，即借助计算机技术，把语言、文字、声音、图像等转换为数字形式以进行信息交流的过程。新媒体正是通过数字化技术来实现信息的有效传播。在新媒体中，数字化技术是基础，正是数字网络技术使得信息交流呈现出新的特点；移动终端是载体，移动终端的普及为新媒体的广泛运用提供了可能，成为传输数字信息的现实载体；现代通信技术是支撑，通过过滤、编码、解码等程序，以电磁波、声波或光波的形式，把信息通过电脉冲从发送端传输到一个或多个接收端，使得信息能够有效地传播。数字化技术将信息以声音、图片、文字、视频等形式传播，数字化技术使信息传播突破时间的限制，也可以在信息传播时实现高度互动。在数字化技术的推动下，新媒体的样态呈现出不断增多的趋势，出现了网络电视、虚拟社区、博客、播客、搜索引擎、简易聚合等多种类型。

(二)新媒体在传播上表现为"交互性"

交互性是新媒体在传播中的重要特征。新媒体在技术上实现了媒介的可逆性转变,成了由个体与共同体一起构建的交互世界。传统的信息主要是由信息源到信息接收端的单向传输,这一过程表现为不可逆性,例如,受众在阅读报纸时只能被动地接受消息,对于消息的真假没有特定的渠道进行有效沟通和反馈。在新媒体中,信息传播不再是点对点,也不再是点对面,而是实现了双向、非线性、交互式传播,不同信息源与信息接收端构成了立体式的传播网络。

(三)新媒体在应用上表现为"社交性"

马克思指出:"人的本质不是单个人所固有的抽象物,在其现实性上,它是一切社会关系的总和。"离开了社会属性或者社会存在,人的本质就无从谈起。社会交往是人的社会性的重要内容,也是人的重要实践形式。随着技术发展,人类交往的形式、内容、深度都发生了重要变化。与哈贝马斯提出的交往是"外在于技术的因素"不同,技术已经成为交往中不可缺少的因素。从古至今,技术对于交往具有重要作用。在历史上,文字及印刷技术等的发明,推动了人类的精神交往与文明传承。现代交通技术拉近了人与人之间的距离,提高了交往的频率,拓展了交往的空间。互联网及信息技术的发展,改变了人与人交往的形式,使人在虚拟空间的交往成为可能。新媒体在互联网技术基础上使人类交往的形式、内容等都发生了根本性转变,对人及其生活环境影响深刻。社交性是新媒体的重要属性,在新媒体所构建的扁平化、个性化的世界中,人的主体性得以强化,人与人之间的联系更加紧密。人与人、人与组织之间的互动与深度交往,无不展现出新媒体的社交性特点。

新媒体的发展离不开大数据。大数据的持续快速发展影响着新媒体的发展,大数据已成为新媒体发展的基础之一。习近平总书记在调研期间,亲自在人民日报社的"两微一端"发布了问候语音,他还饶有兴致地观看了新华丝路数据库、中国照片档案馆数据管理系统、海外社交媒体等特色产品。习近平总书记得知中央电视台已形成全球化的采编和传播网络后,还通过视频同位于华盛顿市中心的北美分台采编播人员进行了连线。这些特色产品的背后都有大数据、云计算的功劳。传统的报业传播支撑系统主要是物流和一般的信息流,基本没有大数据的介入,内容、形式上也没有视频和互动设计,更没有深度挖掘内容数据,利用算法技术与专业编辑手段去筛选、分析、处理新闻,进而实现新闻的自动化生产。在传播能力评估、传播策略校准方面,传统的报业传播支撑系统也未能有效利用大数据来进行分析和研究。未来,新媒体及其所承载的内容是以数据为基础的、经过数据优化组合的信息,新媒体会在终端为受众提供更加人性化的交互界面、海量信息和个性化服务。

二、互联网舆论格局的变化

新媒体的发展使得人们获取信息的渠道逐渐从电视、报纸转移到各种客户端,年轻人对这种信息获取方式的依赖性增强。新媒体除了内容丰富、信息传播速度快之外,这种信息获取方式最大的特点就是互动性强,人们不仅可以随时随地浏览新闻,还可以发表观点和评论。

(一)强化全媒体理念,加强互联网管理

坚持传统媒体和新兴媒体优势互补、一体发展,坚持以先进技术为支撑、内容建设为根本,推动传统媒体和新兴媒体在内容、渠道、平台、经营、管理等方面的深度融合,着力打造一批形态多样、手段先进、富有竞争力的新型主流媒体,抢占舆论宣传的高地。

互联网阵地扩展到哪里,监管工作就要覆盖到哪里。要坚持依法管理、科学管理、有效管理,全面落实"两个所有",即所有从事新闻信息服务、具有媒体属性和舆论功能的传播平台都要纳入依法管理的范围,所有新闻信息服务和相关从业人员都要实行准入管理,不允许搞两个标准、形成"两个舆论场"。要推动各类宣传力量向网上聚集、在网上发声,巩固红色地带,打压黑色地带,转化灰色地带,让网络空间真正清朗起来。

(二)争取舆论主导位置,精准判断,权威发声

融媒体时代中的主流媒体要加快进行媒体融合,坚持发布真实、准确的信息,实现资源与技术的共享。由于网络信息发布的门槛较低,缺乏有效的监管,容易出现扭曲新闻实质、引发负面舆论的现象,给广大受众造成错误引导,损害受众心理健康和威胁受众经济安全,甚至导致社会信息环境的波动。传统媒体行业经过多年的社会考察及国家的有效监管,已经形成强大的品牌影响力,具有新兴媒体无法替代的权威性和公信力。因此,在网络信息是非难辨时,传统媒体行业应及时、有效地发声,引导大众舆论向客观、正确的方

向发展,占据舆论主导地位,击破谣言,净化网络信息环境。例如,中央电视台设置的央视新闻公众号能够在第一时间通过手机将客观、真实的新闻分享给广大受众,以防受众被不良信息诱导。

(三)重视自身建设,提高舆论引导能力

1. 提高新闻工作者的素质,适应融媒体的发展需求

优质的内容需要优秀人才支撑。在融媒体时代,从业者应主动学习H5、虚拟现实、微视频、网络直播等新技术,打破固有纸质媒介的限制,成为通才,用新技术打造全新的盔甲,同时,应坚守职业素养,对工作负责,坚持报道事实,为社会发展创造积极的氛围。

2. 创新新闻内容

在媒体融合时代,传统的电视、广播已经无法满足观众对信息的需求,只有以生动有趣的新闻形式呈现第一手新闻内容,才能得到更多人的喜欢,拓展宣传深度,扩大影响力,引导舆论发展。相关人员应该有融媒意识,不能将固有媒体的新闻内容直接发布到新型媒体平台上,要对内容进行整编,以受人欢迎的形式来发布,让严肃的新闻更有亲和力,更为通俗,更好地满足受众在在线频道(如"两微一端")中获取信息的要求。例如,在2018年"两会"期间,人民日报社首次将短视频通过新媒体发布,推出了《政府工作报告怎么读?人民日报为你建了一座城!》创意动画。该动画是以一种微缩定格的形式来呈现的,动画中引入了时政新媒体报道,以直观的数据和简洁的表达,在短暂的两分多钟里,呈现了过去5年我国经济发展的成就,并阐明了政府工作的方向。这个动画自2018年3月6日发布以来,总播放量达850万多次,微信阅读量也超过了10万次。这种新型的新闻报道让民众直观地了解了我国经济建设所取得的显著成就,增强了民众的民族自豪感和对政府工作的信心。同时,相关人员要树立读者意识,让新闻产品具有更强的互动性,提高受众参与度,让人们有表达观点的平台及机会。例如,编者可以和受众在新闻下方的评论区互动,引导舆论,并保证受众有表达意见的权利。

3. 突出亮点,强化舆论监督职能

传统媒体由上至下的传播特性使得受众大多处于失语的环境中,微信等社交媒体为人们提供了前所未有的对话空间。随着网络数字化的发展,人们无论处于何时何地,都能平等地在网上发表个人想法,因此公众参与舆论监

督的积极性大大提高。由于网络的开放性和互动性，人们在网上发表的观点可以传达给相关部门，而相关部门的回应方式和回应速度则对部门形象有着直接影响，相关部门解决问题的整个过程直接暴露在公众的监督当中，增强了舆论监督的效果，促进了实际问题的解决。在媒体融合时代，一方面，各大主流媒体充分发挥其舆论影响力，继续做好舆论监督的工作；另一方面，各种新技术和平台为人们提供参与舆论监督的便利，提高监管效果，推动以媒体为根本的标准化舆论监督系统的建立。例如，某电视台的移动客户端开设了惠民窗口，人们可以用手机进行咨询和发起投诉，相关部门通过官方平台及时答复。

4. 提高公众媒介素养，构建公共舆论领域

在新媒体高速发展的今天，相关部门应该重视公民媒介素质的培养，提高公众的舆情辨识能力，重视网络舆情教育，加强对"新闻搭车"等舆情现象的宣传教育。媒体应该努力构建公共领域，在社会中实现充分的意见交换，强调舆论共识的构建，做到公共领域信息的及时公开。在自媒体时代，唯有及时公开信息才能掌握舆论主动权，而且信息公开应该是全面性的，半遮半掩的公开反而会令受众产生怀疑，不利于共识的达成。

三、占领互联网主阵地

融媒体的发展受信息技术手段、经济形势以及媒体自身的发展情况等多种因素的影响。新媒体的诞生与发展将社会带入了一个新的时代。融媒体的发展成为新媒体飞速发展的契机，促进信息技术与人类的和谐发展。

(一) 产业融合驱动

媒体行业的发展需要与社会资源进行进一步融合，以获得更好的视野和机遇，而行业间的信息沟通与资源交换是媒体行业发展的直接驱动力。一方面，媒体作为联系各行业产生的跨界产业，与社会资源进行融合需要它打破业务板块封闭的局限，构建多维度、扁平化、开放式的平台生态系统，利用媒体产业优势，向产业上游和下游延伸，形成"多位一体"的媒体综合发展模式，最终形成多元辐射的网状产业链；另一方面，产业间的融合也是媒体融合的发展趋势之一。"中国媒体融合云"围绕新闻业务的生产流程，聚集了众多顶尖的媒体技术公司，其深刻意义在于通过构建融媒体生态系统和全行业传播

矩阵,全面加速了媒体融合的进程,大幅度提高了我国媒体资源的利用效率。同时,各出版产业的资源融合为塑造新媒体形态提供了平台基础与数据支撑。在具有创意性与开放性的多产业融合的媒体发展趋势下,新媒体逐渐适应了当前的社会发展形态,找到了发展的具体方向。

(二)人力资源支撑

媒体融合对于人才的质量与数量都有很高的要求。全方位、多层次的媒体人才结构是发展的基础,只有积极融入媒体专业的人力资源,媒体融合才会更加平稳且更具创新活力。在媒体行业中,具备新媒体技术能力以及传媒业务知识的从业人员,例如计算机技术人员、数据工程师以及媒体从业人员等,通过协力运营,实现了人力资源的协调发展,促进了媒体融合。积极打造具有创新模式的媒体专业人才培养体系,是行业健康发展的长期保障。在高校媒体人才培养的过程中,利用各行业融合的发展趋势为青年人才提供实践机会与发展平台,是保障媒体产业人力资源质量稳步提升的重要措施。此外,在媒体融合时代,新闻从业者的职业素养也是人力资源管理要考虑的重要问题。在这方面,要加强对从业人员职业素养的监督与考评,建立长效考核机制,确保媒体融合的平稳发展。

(三)媒体平台联动

传统媒体具有强大的信息资源优势,可以在某种程度上转化为当前新媒体发展的重要资源。运用新闻采访与媒体运营等综合手段,对社会各行各业进行深入挖掘,以多媒体平台的联动运作形成具有整体性的媒体综合发展战略,可以实现媒体发展的价值。不同形态的媒体介质发挥自身的传播优势,以规模化的运营形式推动媒体之间的相互融合,是当前多元化社会经济环境的创新要求。自媒体平台的盛行对传媒业的整体发展具有良性促进作用。借助当下火热的微博、微信与短视频平台等,融合政府官方传媒信息,传播社会正能量,是媒体平台联动发展的重要方向。同时,媒体平台的联动发展有助于增强产业发展活力,促使行业人才稳步提升专业技能,推动媒体行业创新发展战略的有效实施。在保证媒体发展活力的基础上,加深媒体融合程度、提高产业转换效率是当前融媒体发展的重要路径。

第二章 机关事业单位与融媒体

第一节　为什么人人都要懂宣传

一、宣传无处不在

人与人之间的不理解、不沟通、不体谅导致深深的误解，误解使人与人之间渐渐生出矛盾，让人处于与他人的激烈对抗之中。了解传播，了解舆论，并不是为了"操纵"人心，而是为了真正了解别人，也努力让别人了解自己。

人与人之间了解得更多，理解得更多，隔阂与矛盾就会少很多。传统的公关策略在新的时代只会让情况越来越糟，越来越透支民众的信任。

某大学的学生在食堂吃饭，米饭和汤是不用花钱的。有经济学家评论说，其实可以对贫困学生进行精确补助，例如在食堂设置为贫困学生提供服务的补贴窗口。可是，经济学家懂经济学，却不懂传播学，没有一个贫困学生愿意在众目睽睽之下去补助窗口。对贫困学生的补助有很多，可是都不如免费米饭和汤来得直接。若干年后，贫困学生一定会记得每一餐的免费米饭和汤，并愿意把这样的温情传递给更多人。

与人交往时，只要我们在努力争取他人的支持，其实就是在为自己"做宣传"。可以说，有人的地方，就有宣传。

二、机关事业单位的宣传工作

长期以来，机关事业单位一直采取由政府直接组织的方式来运作，大到机构设立、目标确定、经费供给，小到人员管理、具体业务活动组织等等，几乎全部要依靠政府，因此也就产生了市场意识弱化、人员考评与激励机制不全等问题。在这样的现实情况下,机关事业单位的宣传工作一直处于可有可无的地位,在新媒体极其发达的今天,人们接收信息的渠道不断拓宽。机关事业单位虽然不需要进行盈利性生产,但仍需高度重视管理工作,不仅要保证各个工作流程运行顺畅,还要向社会进行宣传,让大众意识到机关事业单位的重要性。

(一)单位为什么要懂宣传?

政府机关倾听百姓心声,及时下情上达,帮忙解决民生疾苦,并用宣传的方式将政府所做的实事告知于民,提高百姓对政府工作的满意度。宣传工作的开展有利于提高政府在人民心中的地位,提升政府的公信力,保障人民的知情权、参与权、表达权、监督权,保证政府工作的透明度,让权力在阳光下运行。宣传工作是降低政治成本和维稳成本的有效手段,也是降低政绩成本的有力保障。

(二)领导为什么要懂宣传?

做好宣传工作,首先要将工作进展以及所取得的成就及时发布出去,让上级知道你们在干什么、干得怎么样;其次要化解各种问题和矛盾,做好热点问题和突发事件的舆论引导和舆情应对工作,避免引发舆情危机。

(三)员工为什么要懂宣传?

学会做宣传工作,并用宣传的思想去工作,可以有效改善与合作者的沟通,使工作过程更为顺畅。除此之外,员工可以借助宣传提升"个人品牌"的价值,进而拓展业务领域,成为处处受欢迎、哪里都需要的好员工。

我们最近常听到一种说法,"宣传工作做不好,不但'坑'自己还'坑'单位",类似的还有"宣传部部长配不好,等于给领导挖'坑'跳",这些说法都反映了新媒体时代宣传工作的重要性。我们每个人都处在信息裂变的空间里,特别是宣传人员和宣传部门,如何将宣传的妙处发挥到极致,不仅仅是考验个人能力的关键,更是关乎单位发展的大事。

三、谁在给领导挖"坑"

我们看几个 给领导挖"坑"的例子。

案例一 新婚之夜抄党章——将人性泛政治化

2016年5月16日,南昌铁路局微信公众号"南昌铁路"发布《第20天:平凡的一天,从抄党章开始》一文:南昌供电段南昌西供电车间助理工程师李云鹏、检修车间助工陈宣池在新婚之夜铺开纸张,工整地抄下党章,给新婚之夜留下美好回忆。报道发出来后,网上炸开了锅,有的网友将几张照片仔细对比,发现摆拍的痕迹明显。其实无论是摆拍还是不摆拍,作者的出发点是好的,但结果是将人性泛政治化的典型表现。党章什么时候抄不好,非要在新婚之夜抄?在特定的环境下,将人性泛政治化,怎么看怎么别扭。

案例二 只要前11排座位的旅客——顾此失彼

民航资源网在2017年8月9日报道了一则消息,南航公司在为西安政府政务团66名成员出行提供服务时,要求将全部成员安排到前11排座位上,同普通旅客进行隔离。这篇报道的初衷是南航西安分公司表扬自己如何加班来提供高效和优质的服务,但顾此失彼,在表扬自己的同时,没有考虑到服务的对象是西安政府政务团,这是一个人民公仆的团体,也是有严格纪律规定的团体,所以,网友问政务团坐一等舱是否违反了八项规定?与普通旅客隔离,还是人民公仆吗?这说明,写这篇报道的作者对八项规定不了解、对党的宗旨意识不了解,又或者了解但是别有用心。

案例三 领导亲自吃饭——吹捧过头

这样的案例数不胜数,在以前的报道中经常出现,比如,领导亲自拿起铲子挖土栽树、领导亲自坐公交、领导亲自吃饭、领导亲自打伞、领导亲自与困难群众交流……以至于网友问道,"领导生活能自理吗?"这是典型的吹捧过头式报道,初衷是表扬领导亲民,结果却把领导捧得高高在上、与民脱节。

第二节 机关事业单位与新闻宣传

一、机关事业单位新闻宣传工作的范畴

第一节讲到的给领导挖"坑"的例子基本上都出在机关事业单位的新闻宣传工作中,为什么会出现这样的问题?我们来了解一下机关事业单位的新闻宣传工作包括什么内容。

(一)思政宣传

机关事业单位的新闻宣传工作的首要任务就是意识形态工作,以业务工作为出发点和落脚点,以解决实际问题为根本目标,与党建工作紧密结合。意识形态工作历来是机关事业单位的新闻宣传工作的重心之一,通过意识形态宣传可以向社会大众传播单位文化,提高机关事业单位的美誉度,赢得社会好感。

在新媒体时代背景下,机关事业单位的意识形态宣传工作主要包括如下内容:一是负责党的思想宣传工作,包括宣传党的基本理论、路线、方针、政策等;二是负责落实与推动干部群众开展党的理论学习工作;三是负责机关事业单位的内外宣传工作,如形势任务教育、安全教育、先进典型宣传等;四是负责机关事业单位的文化建设,如机关事业单位理念传播,推进学习型单位、科室、个人的宣传工作;五是负责机关事业单位的精神文明建设和法制宣传教育工作;六是负责机关事业单位的思想政治研究,包括开展研究活动、总结经验做法、推广先进成果等。

面向全体员工贯彻党的方针政策,传达机关事业单位改革发展的思路、

目标、规划、举措,将机关事业单位的精神文化凝聚成一种信念,使之成为全体员工共同的精神文化价值和追求,凝心聚力,携手同行,传播正能量。与此同时,机关事业单位由于其服务、公益的属性,对于社会公众而言是一种有力的教育手段,可以成为一个"大课堂",使新闻宣传成为服务和公益事业的延伸。从这个角度看,机关事业单位的新闻宣传工作具有动员和教育的功能。

(二)纪检宣传

纪检监察部门是机关事业单位开展反腐倡廉工作的主体,其工作核心是对机关事业单位的各项事务进行行之有效的监督。纪检监察部门主要负责明确机关事业单位内部项目的管制规定、开展内部审计、查处腐败问题等。

宣传教育是党风廉政建设和反腐败斗争的基础性工作。在全面从严治党不断深化的新形势下,廉政宣传工作的主要任务是营造从严治党的氛围,提高党员的自律意识,引导广大党员干部强化底线思维和提高红线意识,自觉遵守六大纪律,树立清正廉洁的良好形象。具体来说,一是进行以《中国共产党章程》和《中国共产党廉洁自律准则》为基本内容的党风党纪的教育;二是进行党的路线、方针、政策和国家法律法规的教育;三是进行党的优良传统和作风教育;四是进行反腐倡廉教育。

(三)工会宣传

工会是对劳动关系进行协调、对劳动争议进行调解的部门。在机关事业单位中,工会组织是有别于企业的特殊存在,其主要工作内容是维护职工的合法权益、宣传党的思想。相较于思政工作,工会工作是群众工作得以开展的重要前提。

随着社会经济的不断发展,为了更好地解决职工利益的问题、更好地帮助和指导职工和单位签订劳动合同等,工会的宣传工作必须得到重视。

近年来,我国密集出台了机关事业单位改革的政策文件,为机关事业单位的改革指明了方向。随着机关事业单位改革的不断深入,机关事业单位的内部结构也在不断调整、完善。机关事业单位改革意味着每一位职工需要在思想上、行动上进行配合,既要充分了解事业单位改革的政策和精神,还要不断提升自己的综合素养和专业技能,只有这样,才能在改革进程中继续为社会作出贡献。

面对改革的利益调整,面对不同的思想观念和利益诉求,如何兼顾各方面的需求、平衡各方面的关系,如何维持机关事业单位内部的和谐稳定以确保改革顺利进行,需要由思想开路、舆论先行。这就要求工会宣传要有预见性、针对性地开展引导和宣传工作,把握舆论主动性,为机关事业单位改革提供思想舆论保障,营造宽松良好的政策执行环境和思想文化氛围。只有做好职工的思想教育,不断提升职工的思想境界、思想水平和思想能力,才能使职工充分了解机关事业单位改革的相关政策方针,并自觉落实到具体行动中去。

(四)品牌与形象宣传

机关事业单位是非营利性单位,然而,长期以来,由于种种原因,一些机关事业单位给群众留下了机构臃肿、人员冗余的印象,其背后的原因是复杂的:既有媒体的妖魔化宣传,又有机关事业单位体制的原因。除此之外,尽管机关事业单位与企业的性质不同,但随着国内整体社会发展环境的变化,机关事业单位之间也形成了彼此竞争的关系。因此,新时期机关事业单位的宣传工作也要发挥一定的对外宣传功能,在机关事业单位改革的背景下塑造全新形象,从而改变公众对机关事业单位的印象,赢得舆论阵地。

机关事业单位的品牌宣传一般围绕"品牌形象"来开展。"品牌形象"包括人们能够直观把握的视觉形象、文字形象。视觉形象是指机关事业单位的标识,而标识是机关事业单位宣传的灵魂,是不可或缺的。文字形象就是机关事业单位的宣传口号,也是构成机关事业单位整体形象的一部分,例如高校的校训。

机关事业单位的品牌宣传还包括在公布重大消息或成就时,邀请媒体参加新闻发布活动,以及撰写文章在大众媒体发布,塑造单位形象。

成功打造并树立自己的品牌是宣传工作的重中之重。在现代社会,品牌已成为一个单位重要的无形资产,是其核心竞争力的体现。

此外,近年来,机关事业单位的新闻热点层出不穷,各种突发事件屡见不鲜,经常成为全社会关注的焦点。做好热点问题和突发事件的舆论引导和舆情应对工作,塑造良好的、健康的外在形象,对于机关事业单位改革而言是很有必要的。

(五)产品和服务宣传

事业单位分为经营类、行政类、公益类三种,经营性事业单位参与市场竞争,从事生产经营工作,以社会福祉为目的开展经济活动,这类机关事业单位主要包括出版社、报社、科研机构等。近年来,公众对高水平服务的认识逐渐提高,特别是对科教文卫服务的期望值日渐提高,同时,随着市场经济的发展和事业单位改革的深入,经营类事业单位的运作模式越来越向企业靠近。

科教文卫服务也属于产品,这类产品需要用不同的方式,借由不同的媒体渠道传播出去,以对接社会的发展需求。产品宣传还可以促进事业单位之间的相互交流、协同发展,提高资源的利用效率。

（六）其他

对于提供不同服务内容的事业单位,新闻宣传工作同时也存在其他方面的功能和作用,比如对于高校来说,还有招生、考试、就业等方面的宣传功能。

二、机关事业单位新闻宣传的渠道

机关事业单位由于性质特殊,其新闻宣传的手段是传统手段与现代手段并存的。传统宣传手段依旧是机关事业单位十分重要的宣传手段,例如板报、宣传栏等,但随着新媒体的发展,"两微一端"、社群、小视频等手段也被迅速利用起来。媒体活动也是机关事业单位非常重要的宣传手段。

（一）自媒体

机关事业单位的自媒体一般包括机关报、官网、"两微一端"、广播、电视等。

1. 报纸

很多机关事业单位都有自己的机关报。这些报纸有的是国家新闻出版部门正式批准的出版物,有些是内部印发的,无论是哪一种,都具有完备的管理机构和正规的出版发行程序。比如,在高校,校报是重要的宣传工具。

报纸的主要特点如下:一是具有较强的新闻性,报纸的内容以报道新闻为主,形式上采用新闻的报道方法,出版周期最短的机关报是周报,一般为旬报或者半月报;二是管理规范,正规的报纸在单位内部有相应的管理部门,国家有关部门每年还会专门进行严格的检查。

新媒体普及的今天,报纸也有了电子版,但是很多人仍旧爱看纸质报纸,一方面是阅读习惯使然,另一方面也是因为纸质报纸更有实感、厚重感和历史感。

2. 官网

官网是机关事业单位面向社会提供服务、履行职能的官方网站,是政府机关实现政务信息公开、服务社会、互动交流的重要通道。

门户网站肩负着发布新闻、展示形象、传播单位文化、提供服务信息、发布招聘信息、公开政务信息、为各部门及各项服务提供接口、提供互动渠道、与合作单位交换链接等功能,是整个机关事业单位各项业务的集散地。

3. "两微一端"

2013年4月15日,最高人民检察院正式开通了人民微博、新华微博、官方微信公众号及搜狐新闻客户端,宣布"两微一端"上线。目前,在电子政务领域,大家所说的"两微一端"通常是指政务微博、政务微信和政务APP客户端(即微门户),这就是最早的"两微一端"。此后,机关事业单位利用这些政务新媒体推进政务公开的工作和提供公共服务等,政务新媒体被视为政府转变职能、提升社会治理能力的新工具。

微博、微信、APP客户端有各自的特点,在移动政务中扮演的角色不尽相同,体现在内容发布、互动交流和政务服务三个方面。微博具有强烈的媒体属性,即所谓的"弱关系",更适合内容的发布。微信公众号有类似的功能,但是它的传播依赖好友间的推送,即所谓的"强关系"。微信最大的优势是交互性,所以目前微信的服务号正是通过交互来完成宣传与服务的。APP客户端更能满足政务应用的广度和深度的需求,从而更加紧密地贴近用户。

政务微博呈集群化发展趋势,形成了从中央到地方、覆盖不同级别和不同职能部门的矩阵。截至2015年6月,新浪认证的政务微博账号为145 016个,其中政务机构官方微博账号为108 115个,公务人员微博账号为36 901个,其中公安和新闻发布类微博账号的运营仍处于领先水平。随着"互联网+政务"的推进,政务微博运营已经成为政府日常工作的组成部分,运营水平的高低也成为衡量政府部门执政能力的标尺之一。目前,上海、广州、深圳、杭州、武汉等地的政务微博已经开始提供线上便民服务,服务内容包括在线咨询、服务预约和业务办理等。

截至2015年8月底,全国开设的政务微信公众号已超过8.3万个,在区域上已覆盖全国31个省、自治区、直辖市(不含港澳台),省市级部门开通的政务微信公众号占比为84.7%,平均每个政务微信公众号的关注用户数超过了3.6

万,其中广东、浙江、江苏、北京等地政务微信公众号的开通量领跑全国。

政务APP客户端也在逐步普及。北京市推出了"北京服务您"APP,向公众提供交通出行、房产服务、文娱体育、劳动就业、婚育服务、教育服务、社区服务、医疗保健、政府办事、旅游放假等10多类服务。浙江省的"浙江政务服务"APP集省市县三级政府网上办事和公共服务资源于一体,包括"热点应用""我要看""我要问"和"便民服务"四个部分,可查找全省6000余个办事服务场所的信息,提供17 000余项便民引导、77 000余个办事服务指南信息。青岛市的"智慧青岛"APP整合了来自机关事业单位、新闻媒体的资源,向公众提供新闻资讯、信息公开、沟通交流、政务办事等服务。

随着移动互联网的普及和新媒体技术的发展,社会力量将成为电子政务发展的重要支撑力量,以"两微一端"为代表的移动政务新媒体的覆盖人群和公众认可度不断扩大和提升,"两微一端"已经成为越来越多的机关事业单位开展宣传工作与为民服务的"标配"。

4.广播、电视

广播、电视并不是机关事业单位的"标配",但在高校这种事业单位中普遍存在,而且具有举足轻重的地位。

广播的历史较长,已经发展成熟,是高校校园文化生活中一道亮丽的风景线。广播的特点如下:一是快速敏捷,可以大大提高宣传的时效性,特别是对突发事件的报道有着重要的意义;二是运营成本较低,在线路和设备完好的情况,一般不需要太多的投入;三是营造气氛,在举行大型活动以及庆祝重大节日时,广播营造气氛的作用是无可替代的;四是个性鲜明,一个受人喜爱的广播节目主持人可以明显提高广播的传播效率。

电视的特点如下:一是形式生动活泼;二是雅俗共赏,适应面广;三是收看过程便捷,易于接收。电视营造氛围的效果不如广播,而且它的很多功能可以在APP客户端实现,所以已经逐渐淡出机关事业单位甚至是高校的宣传视野。

(二)第三方媒体

主动与新闻媒体保持联系,建立广泛、长期、稳定的合作关系,构筑起开展对外新闻宣传工作的平台,是机关事业单位开展宣传工作的惯常做法。处理好与第三方媒体的关系,有两方面的好处:一方面可以拓宽宣传渠道,更好

地树立社会形象;另一方面,可以有效化解舆情危机。利用第三方媒体开展对外宣传,通常有以下几种具体做法:

(1)发布新闻稿。通过第三方媒体版面发布一些重要新闻,利用第三方媒体的影响力,提升公众对新闻的接受度。

(2)利用一些重大活动,诸如举办庆典、进行人物访谈、开新闻发布会等形式邀请相关媒体人员走进机关事业单位,听取他们对宣传工作的建议,努力发掘各媒体的新闻对接点。

(3)根据媒体人员的需求,结合重要的时间节点,积极向他们提供有用信息,并利用第三方媒体,在社会热点中"蹭热度"。

(4)发生舆情危机时,积极联络社会媒体人员,征求他们对于危机处置的意见,利用媒体进行正面发声,有效化解舆情危机。

(三)板报、宣传栏

现在,板报和宣传栏仍旧是机关事业单位内部重要的宣传手段,一般设在单位走道的两侧,或者在专门设立的文化长廊中展示。

板报和宣传栏具有对内、对外传播两种功能。在对内传播中,板报和宣传栏以活泼的宣传内容和宣传方式促进机关事业单位的文化建设,宣传机关事业单位的精神和理念,营造和谐的氛围。同时,因为宣传内容涉及机关事业单位的方方面面,让职工有亲切感和参与感。在对外传播中而言,当领导、嘉宾或者合作者来访时,板报和宣传栏则是一种有效的自我宣传手段,让来宾感受到机关事业单位文化和氛围,在机关事业单位的组织、管理、精神面貌上给来宾留下良好的印象,树立积极正面的对外形象。除此之外,板报和宣传栏本身也是单位环境的重要组成部分。

使用板报和宣传栏进行宣传,容易排版、成本较低、受众获取信息更加直观,因此,这种传统方式在现阶段仍旧受到广泛欢迎。

三、机关事业单位新闻宣传工作的机构与分工

(一)宣传工作机构的设立

机关事业单位的宣传工作属于党委工作范畴,一般下设党委宣传部,统筹整个单位的新闻宣传工作。有些单位同时也设置新闻中心或者新闻办公室,与宣传部合署办公。

（二）宣传部门的职责

宣传部门负责整个单位新闻宣传工作的归口管理，围绕单位的中心任务和重点工作，制订并实施新闻宣传工作计划，统筹、组织、协调、落实单位层面的新闻宣传工作，其具体工作职责包括以下几项内容：

（1）思想政治宣传，包括配合党委工作，宣传党委的各项方针、政策及上级的有关决定；配合上级做好宣传工作和广大员工的思想政治教育工作，提升单位的凝聚力和向心力；了解员工的思想动态，分析原因并及时向上级汇报；建设单位文化，树立先进典型等。

（2）对内对外的宣传工作，包括负责自有媒体的采编推广工作；负责联络社会第三方媒体，开展对外宣传的工作；组织策划和协调重大新闻宣传活动；组织新闻稿件的督办；舆情监控与危机处置等。

（3）宣传活动的组织，比如单位庆典活动、重大纪念日、重大活动、新闻发布会、媒体见面会、媒体采访活动等。

（4）单位的形象塑造工作，如单位形象识别系统的设计和推广，宣传品、宣传资料、文化产品的设计制作，宣传片的策划拍摄等。

（三）宣传工作的机制与分工

前面谈到，机关事业单位宣传工作的范畴包括思政宣传、工会宣传、业务宣传等，其中党政部门是思政宣传的实施主体，工会是工会宣传的实施主体，各业务部门是业务进展、产品发布、信息服务等的实施主体。

这些部门一般设置通讯员或者宣传员，不仅负责具体实施制订本领域的宣传计划、组织实施宣传活动和撰写报道稿件等，还要与宣传部沟通协调，宣传产品由宣传部统筹管理。

有些机关事业单位的自媒体分别由不同部门负责，比如电视台，有的由宣传部管理，有的由电教单位管理；报纸，有的由宣传部管理，有的由内设的出版单位管理。有些单位因为业务繁多，设立了多个网站，分开负责各自的业务领域。无论是哪种情况，最终的归口管理都要在宣传部。

四、机关事业单位宣传工作的困境

（一）组织机构不健全

在实际工作中，多数机关事业单位的宣传工作组织机构尚不健全，宣传体系、工作方式和工作机制还停留在传统阶段，受各种因素制约较多，没有形成体系化合力,各个环节基本处于各自为政的状态,导致了信息资源不共享、工作业务不协同、应用体系不畅通、信息化实效性差等问题。

(二)领导不重视

机关事业单位领导作为机关事业单位的管理者,只有充分意识到新闻宣传工作的重要性,才能投入人力、物力进行宣传报道,但是,由于组织机构的不健全,机关事业单位领导往往把更多精力投入到管理工作中,认为新闻宣传工作只是"假把式",对机关事业单位的发展影响不大。虽然每年上级部门都会下达宣传报道工作的任务,但是实际工作中存在许多问题,新闻宣传工作的作用常常往往无法真正发挥。

(三)采编平台不专业

组织机构建设的不足直接影响机关事业单位的发展。报纸、期刊、网站、微信公众号等,都由不同的人负责,但是没有专业的采编平台。这种工作模式会导致部分信息流失,宣传效果不佳。

因为没有专业的采编平台,各种新闻产品的采集、加工、编辑等工作大多重复进行,不能够综合运用图文、图表、动漫、音视频等各种形式实现内容产品从可读到可视、从一维到多维的升级融合,多个平台还需要反复登录、排版、发布,传播效率低。

(四)宣传力度不足

机关事业单位的大多数宣传工作仅仅停留在表面,没有对机关事业单位的政治思想、文化进行深入探索,工作人员的政治思想也没有达到统一的高度。究其原因:机关事业单位的政工宣传工作不到位,宣传的力度不够。这样的宣传工作不仅起不到应有的作用,还不利于机关事业单位政工宣传工作的发展与进步,甚至有可能导致宣传工作者工作懈怠。

(五)宣传理念滞后

部分机关事业单位依旧没有认识到新闻媒体在意识形态领域中发挥的重要作用,特别是对网络媒体技术的发展及应用认识不足。从写作手法上来看,模式化的写作仍旧束缚着机关事业单位宣传工作者的思维,官本位思想和空洞说教还在一些新闻报道中频频出现,对于早已熟悉网络语言的受众来说,这样的新闻报道缺乏吸引力。

（六）传播效果不理想

大多数机关事业单位主要围绕时事政治、党建思政、单位历史、发展成果等进行宣传,新闻宣传的功能性较弱,新闻内容较为单一,暴露出类型化、同质化等问题,导致新闻传播效果不理想。

（七）时效性不强

由于专业的新闻工作人员和基层通讯员的人员不足,新闻信息的内容往往不能够及时更新与发布,部分新闻的上传时间与事实发生时间相距较长,特别是机关报、电视新闻,二者的制作周期一般是一周到两周,有时甚至需要一个月,等制作出来,新闻价值已基本丧失,得不到受众的认可。

（八）用好新媒体的能力不足

机关事业单位的新闻传播途径越来越呈现出多样化和丰富性的趋势,但与社会媒体的全面转型相比,机关事业单位新闻传播的转型发展仍略显迟缓。大部分机关事业单位并没有把所有新媒体融入一个机构框架中,并在此基础上开展工作,而仅仅是在传统媒体的基础上新增相关新媒体工具。新闻网、广播站、电视台、微博、微信、短视频、头条号等实行相对独立的管理模式,分管一摊,各负其责,新媒体平台之间的沟通协作有限。在信息资讯的采编上,各个媒体大多独立采编,媒体团队没有联通,融合不够,资源整合欠缺,导致呈现出来的新闻内容大多"新瓶装旧酒",令人眼前一亮的不多,未能充分激活互联网的传播效力。面对媒体新格局、舆论生态的深刻变化,机关事业单位的新闻宣传在手段上还未完全跟上形势,用好新媒体的能力还不足。

（九）规范化管理不足

机关事业单位管理追求制度化、规范化,新闻宣传报道同样需要约束制度和规范操作。大部分机关事业单位没有制定规范合理的宣传报道考核办法:在坚持正确的舆论导向、慎重报道敏感问题、坚持对外统一口径等原则性问题上,没有树立相关制度进行规范;在建设高素质的新闻宣传队伍上,没有明确的管理制度;在新闻宣传工作的考核管理上,没有有效措施。

（十）内容不接地气

习近平总书记在谈论新闻舆论工作的时候,强调基层干部要接地气,记者调研要接地气。接地气是指新闻工作者在撰写新闻报道的时候,尽量选择通俗易懂的民间语言,少讲官话、套话,将学术语言转化为生活语言,说群众听得懂的话,加强新闻报道的感染力。机关事业单位往往因为其专业性,报道内容容易出现不接地气的问题,影响了宣传的效果。

(十一)缺乏计划性

机关事业单位的宣传工作往往受制于单位的各种突发事件、临时活动等,工作计划被搁置。针对机关事业单位的宣传工作,宣传部门应制订每个月、每个季度、每年的新闻宣传计划和目标,做好对内、对外的宣传工作。通过对内宣传工作,提高整个机关事业单位的凝聚力,激发职工的工作积极性和热情,增加机关事业单位的经济效益;通过对外宣传,树立良好的社会形象,让更多的人了解到机关事业单位工作的意义和重要性,从而提高社会影响力,为机关事业单位打造良好的舆论氛围。通过日常宣传报道、专题报道、策划报道,将机关事业单位创先争优、树立先进典型等亮点工作和特色工作积极地、及时地通过新闻媒体平台发布出去,提高新闻宣传的时效性。

(十二)资源浪费明显

机关事业单位内部的自媒体有各自的优势,同时也有劣势,如果各自为政,自说自话,很难达到理想的宣传效果,并且不利于同一品牌的塑造。在一些事业单位,不同的自媒体属于不同的部门管理,提高了统一宣传的难度。

各个自媒体在宣传的过程中缺乏必要的配合,常常出现不能互补的局面,比如没有明确的分工,导致信息重复,或者是"你说你的,我说我的",难以形成宣传的合力。有的一窝蜂宣传,都挤到一起去;有的都不去报道某些问题,导致宣传上的空白。各个自媒体孤军作战,互不沟通,还产生了人力、物力、财力上的浪费。比如,就某一个事件进行采访,各个自媒体都去了,其实去一个文字记者、一个摄影师、一个摄像师即可,由一个人采写,写出基本的新闻稿,以供各个自媒体根据需要进行再加工后发布。

(十三)缺乏专门人才

"打铁必须自身硬",新闻宣传工作者要不断学习,提高业务本领。机关事业单位的新闻宣传工作人员大多由其他岗位转岗而来,很多是做办公室工作或者文秘工作出身,本身并不是专业的新闻宣传人才。近年来,随着宣传工作受重视程度的提高,专业人才逐渐加入单位的新闻宣传工作中去,但由于体制机制以及组织机构的不完善,未能发挥出专业优势。

实际上,新媒体时代的到来,对机关事业单位的新闻宣传工作人员提出了更高的要求,只具备"能写""会摄"这些基本功已不能适应全媒体时代发展的需要。新闻宣传工作者还要熟练掌握新媒体的应用手段,做到对不同的内容匹配不同的传播渠道,把所思、所想、所悟第一时间与受众分享。只有这种"一专多能"的复合型人才,才能适应新媒体条件下机关事业单位新闻宣传工作的要求。

(十四)缺乏有效评估

机关事业单位的新闻宣传工作大多数还处在"只管发布"的阶段,效果如何、流量如何,并不是关注的重点。随着新媒体传播手段发生了日新月异的变化,评估的方式也变得多样。已经有指标可以反映宣传工作做得好不好,受关注的程度如何,比如,百度指数可以评估品牌知名度,CNZZ等第三方统计工具可以评估流量,搜索引擎可以评估文章排名以及转载情况等。

此外,利用信息化手段,人们可以对热点文章、焦点新闻进行排名,对新闻提供单位进行排名,对文章作者进行排名。有效评估可以激发工作人员的工作热情,提高绩效考核的质量,为提高新闻宣传工作的水平打下良好的基础。

(十五)反馈渠道单一

网络危机事件日益频发,对于机关事业单位通过多种形式发布的新闻,如果不收集反馈信息,就不能及时了解事件的发展形势,不能听到群众心声,不能掌握话语权,进而变成"盲人""聋人"和"哑巴"。目前,很多机关事业单位虽然有舆情监控机制,但舆情监控往往停留在网络搜索引擎层面,对微信、微博、贴吧、抖音以及其他自媒体平台的反馈情况的整合、分析、处置的能力非常有限。

第三章
融媒体
案例分析

第一节　以《人民日报》为例

党的十八大以来，传统媒体积极探索与新媒体的深度融合，探索从"相加"到"相融"的转变，努力把握新媒体传播的特点，在融合新闻报道领域进行不断的尝试和创新。《人民日报》下属的人民日报新媒体中心积极响应号召，加快媒体融合步伐，整合融媒体新闻资源，推出一系列影响力大、话题性强、传播效果好的融媒体新闻报道，提升融媒体新闻内容生产的创新力度。本节通过分析《人民日报》在融媒体方面的突出优势，从新闻产品实践创新、重大主题报道引领创新风向、纪念性报道创新路径渐显、党报评论话语权等四个角度对创新趋势进行总结，力图为探索融媒体的发展提供方向和思路。

一、《人民日报》的媒体融合进程

在新媒体的发展进程下，《人民日报》在用户、传播和服务三个方面实现了覆盖多方位、传播全天候、服务多领域的目标。《人民日报》的微博粉丝有1.48亿，被称为"中国第一媒体微博"；《人民日报》的微信公众号发展迅速，在社会上具有巨大的影响力。2014年6月12日，《人民日报》的客户端上线。《人民日报》在新媒体传播上起到了模范带头作用，其微信公众平台以"参与、沟通、记录时代"为目标，为传统党报在媒体融合背景下的发展提供了样本。微信公众平台的功能齐全，可以利用碎片化时间阅读、分享、互动，符合新媒体时代用户的阅读特点。微信推文的传播也具有自己的特点，有三级阅读模式，让用户可以选择感兴趣的内容进行阅读，优化了用户体验。同时，党媒有权威性和公信力，实力强大，有广泛的影响力和受众群体，传播覆盖面广。《人民日报》的微信公众号设置了导航栏,分为三个部分:新闻、FM、夜读。用户可自由获取信息。其中,点击"新闻"一栏会跳转到小程序"人民日报",网友可以点开并直接浏览当日新闻,还可以评论、点赞、收藏以及一键分享文章给好友。这一设置很好地实现了媒体和用户之间的双向互动,便于发挥党媒的服务作用。

"FM"是人民日报FM小程序的入口,用户初次使用时选择自己喜欢的内容标签,随后就会听到相关内容的人工播报。在以往用眼看的阅读方式之外,增加了用耳听的功能,极大地丰富了用户的体验感。同时,还有快捷键"新闻助理",用户可以直接用语音和"新闻助理"互动,获取感兴趣的内容。"夜读"是人民日报微信公众号的主打栏目,该栏目中发布经过精心筛选和二次开发的知识内容、好文推荐,获取内容的方式也变成了"听文",文章时长大多在十分钟之内,一般在每晚十点左右更新。

《人民日报》利用微信、微博、手机移动客户端、门户网站等新媒体渠道,在社会媒介平台上获得了一席之地。这些新媒体渠道使得信息传播更加便捷。《人民日报》同时也开设了网友留言反馈的通道,让网友有话可说、有话能说,满足了网友人际交流的需求。同时,随着中国网民人数的日益增长,以网络为媒介的信息传播也达到了高覆盖率。从语言来讲,《人民日报》作为中国第一大党报,对新闻事件进行公正客观的报道,具有很强的公信力和权威性。《人民日报》新媒体平台的语言较为轻松活泼,更平易近人,受到众多网友的喜爱。从表现形式来讲,纸媒一般都是文字和平面图片相结合,而微信、微博、APP客户端则突破了这一限制,可以实现声色同步,利用音频、视频的形式,提升了新闻的易读性,让受众全方位地了解信息。在时政信息传达上,《人民日报》新媒体一改纸媒的刻板传统,采用了轻松活泼的传播方式,,比如在党的十九大专题报道中,《人民日报》新媒体发布青春创业影片来宣传中国梦,影片浏览量超过10万次,而且从评论区可以看出,用户的参与度较高。

《人民日报》作为主流媒体的融媒体先锋者,在各个方面与时俱进,可以说在媒体融合的进程上对其他媒体有着重要的借鉴意义。

二、融媒体优势的体现

（一）新闻产品实践创新

新媒体的发展推动了媒介的生态环境革新,这种革新具体体现在传播技术的进步、传播语境的改变和内容生产方式的转变上。在传播技术加速升级的背景下,传统媒体要想适应多元碎片化的传播语境并且在"万物皆媒"的环境中立足并发展,必须主动拥抱新技术,加快技术革新与内容创新。在媒体融合的趋势下,社会化媒体、移动终端以及大数据等新的技术手段将深刻地影响传媒产业。因此,传统媒体的技术创新应当围绕移动化、社交化、智能化三大路径进行尝试。近两年,《人民日报》推出的许多"爆款"产品都是在这些技术背景下探索出来的成果。

移动化是媒体产品迁移的基本方向,是媒体产品的系统性升级,而非简单的内容搬运。在移动化产品领域,新闻客户端成为《人民日报》聚合多元内容、进行垂直宣传的主阵地,配合其官方微博、微信公众号,形成三位一体的移动传播矩阵。"移动化也意味着传播形式上视频化的兴起,移动视频看上去是电视形式的延伸,但其实是对电视模式的革新。"传统媒体的内容创新愈加倾向于对短视频、视频直播的使用,尤其是对新闻媒体来说,视频直播能够增强用户的新闻在场感,并且借助短视频"少即是多"的叙事模式来讲好新闻故事。依托技术的升级,传统媒体能够更好地发挥其内容生产能力,在新闻报道的权威性、专业性、影响力方面凸显比较优势。《人民日报》充分利用移动端直播的优势,聚焦社会百态,抢占时政热点。在重庆万州公交车坠江事件的报道中,《人民日报》微博在事件发生后4个小时内发起直播,在开展救援与事故善后的过程中直播事件超过12个小时。多机位直播画面全景还原长江二桥、救援船指挥中心等新闻现场,视频记者实时跟进,最大限度与事件现场保持同步。4场直播报道共有2400多万的观看量,视频记者在采访中迅速获得来自政府、社会媒体的重要新闻资源,得以更加全面地对事件起因、过程、结果进行报道。传统媒体内容优势就体现在显著的社会影响力与对新闻生产深度、高度、广度的把握能力上。此外,《人民日报》还利用短视频来传播信息,如"中国一分钟"系列微视频收获了每期10万+的阅读量。这些篇幅短小、节奏明快的视频的平均时长在2分30秒左右。微视频以精美的画面来呈现信息,宣传效果比较理想。在网友的点赞、转发中,"中国一分钟"系列微视频让改革开放40周年的重大成果深入人心。

传统媒体的技术转型也推动着新闻传播社交化的加速发展。社交媒体深刻地改变了信息的传播模式,让人际关系网络成为大众传播的重要基础。无论是从新闻生产还是新闻消费的角度来看,用户都是核心。《人民日报》以微信、微博平台为载体,用H5页面、动画、微视频等技术加强原创内容的社交属性,让新闻内容或关键议题深入社会关系网络,内容创意不仅仅停留在语态、标题的初始阶段,而是在文化层面与网络用户互动,促使用户产生传播的社交动力。建军90周年前夕,火爆朋友圈的"军装照"系列通过H5页面让网友主动参与,上线后的浏览访客迅速超过10亿人。网友通过简单的拍照操作,即可瞬间为自己生成不同年代的军装照,既能满足自己在社交平台中展示形象的需要,又能够在建军节过一把"当军人"的瘾。精巧的设计与把握时间节点的好主题使其成为社交化新闻产品的典型案例。

此外,《人民日报》新媒体产品开发还在社交化生产与运营层面积极尝试。2018年,《人民日报》抖音官方账号开通运营,邀请用户参与互动。《人民日报》的创新举措做到了对社交媒体的深层应用,具备真正的"网感",提升了专业内容的影响力。

与此同时,数据分析技术、人工智能技术、物联网技术等种种新技术正在推动媒体进入智能化时代,智能化将驱动一场新的内容革命,传统媒体的转型需要在智能化的方向下进行新布局。在新闻生产领域,大数据技术以及AI技术正在不断升级并且加速投入到内容生产、传播、信息采集分发等领域中去。数据新闻、人工智能写作、传感器信息采集等新技术领域的研究与实践成为新闻媒体的发展命题。就数据新闻来说,人民日报社通过构建"中央厨房",专设数据新闻与可视化实验室,具备了专业的数据采集、编辑、分析能力,让大数据渗透到策划、采集、编发、发布、反馈等流程中去。相比于传统的新闻采写和报道,有大数据介入的新闻生产更加具有数据思维。国家级媒体应当充分利用大数据技术,结合自身的内容资源优势,让数字变成可读的新闻故事,增强内容的影响力和传统媒体的舆论传播力。2018年两会期间,《人民日报》推出的《50组数据速读政府工作报告》以及中国国际进口博览会期间的《150秒了解中国进出口,20大数据迎接进博会》等报道不仅结合了移动化产品的便捷灵活的特点,还高效利用了大数据信息,使得信息更加精准。数据新闻不是对基础数据的简单堆砌,而是要透过大数据的表层,对数据进行精准的分析解读,使数据传递出更多意义。《人民日报》利用图片、视频等介质,让数据说话,甚至在报道的立意构思中,完全用数据的思维去操作,如"中国一分钟"系列微视频从开篇到结尾都是用数据来叙述,用一分钟数据来介绍地方特色,展现了改革发展的成果。

(二)重大主题报道引领创新风向

重大主题报道对不同媒体来说意味着"同题作答",往往在横向比较中体现出媒体的策划水平和创新能力,反映出编辑、记者日常功底,因此也被业内称作"战役性报道"。每年召开的全国两会是国家政治生活中的重大事件,也是各大媒体同题竞技的"竞技场"。近年的全国两会报道中,优化内容生产流程、运用最新的融媒体技术、系统策划融媒体产品,越来越成为媒体在同题竞技中制胜的关键。全国两会报道在一定程度上是媒体融合创新的风向标,见证了我国媒体融合的进展。

产品形态创新与内容创新并重。《人民日报》在全国两会报道中保持了一贯的创新风格,凭借优质的创意内容,吸引着作为"网络原住民"的青年群体的关注。《2019年政府KPI账单》盘点了《政府工作报告》中的年度工作目标,为每一项目标单独制作了动画,并搭配抖音热曲,用户以刷抖音短视频的方式了解"政府账单",这一宣传形式与年轻人"同频共振"。H5产品《点击!你将随机和一位陌生人视频通话》逼真地还原了视频通话场景,电话接通后,用户将倾听一位远方的陌生人讲述与两会议题相关的生活故事,两会中的民生话题融入了普通个体的生活中,拉近了两会与百姓的距离。随机选择陌生人进行视频通话的宣传方式,形式新颖,场景沉浸感强,让用户产生对未知的期待。因此,这个H5产品在发布24小时内的互动量迅速突破了360万。H5作品《盘他!看看一根线能盘出啥?》用一根线条勾勒出不同人的琐碎生活,"让受众在'万物皆可盘'的创意背后看到'戳心的生活故事'"。在重大主题报道中,《人民日报》通过研究主流受众的喜好和关注点,并利用互联网思维,为融媒体产品赋予了"网感"。

技术整合与平台整合力度加强。为适应当前移动化、智能化、融合化媒体建设,传统媒体纷纷利用大数据、云计算、人工智能等新技术进行自我革新。在2019年全国两会报道中,《人民日报》进行了5G试播、4K超高清视频直播,VR、AR、AI等已有技术也得到加强和提升,多种技术的融合带来了更具现场感、互动性的视听体验。在2019年全国两会上,5G网络覆盖了天安门广场、人民大会堂金色大厅以及部长通道,多家媒体使用5G技术进行现场报道。5G技术作为最前沿的通信技术,带宽更宽,网速更快,传输体验更好,VR、AR、MR等对网速和带宽有较强需求的技术将在5G时代大放异彩。央视整合了"5G+4K+AI",布局三者融合的报道模式,使用5G技术传输4K超高清信号,直播全国两会记者会,并在代表委员和部长通道上设置了VR全景摄像机,推出了VR视频、VR Vlog、VR图集等多样态融媒体产品,带来了全景式、沉浸式的体验。

打通线上线下,形成传播合力。早在2018年的全国两会期间,《人民日报》就推出了"融两会"专版,通过"报纸+二维码"的形式,让纸媒搭载融媒体产品,也为微视频、动画等产品打开了线下入口。在2019年的全国两会上,《人民日报》从简单的"相加、相融"发展到让报纸"动起来",实现了融合升级。利用人民日报视频客户端的AR功能扫描《人民日报》全国两会报道的相关图片,便可以在手机上观看现场实况、数据可视化图表等,实现一次采集、多种生成,进行多元传播,让读者全面深入了解全国两会动态。《新华每日电讯》把新华社丰富的融媒体产品整合到"新华融媒@两会"专版,以"标题+精彩界面+产品推介词+二维码"的形式呈现给读者,对优质产品进行了重点推介。此外,《人民日报》还将线下活动与线上传播结合起来,在全国两会期间举办了"时光列车"系列活动,涵盖了"时光博物馆"展览、"我爱我的祖国"主题快闪。展览中,列车车厢的布置使用了反映国家发展和百姓生活变迁的元素,包含"图片影像""时光留言"等,并选择不同列车组在全国进行巡展。在每个始发车站,都会举行"我爱我的祖国"主题快闪活动,演唱经典爱国歌曲,吸引旅客驻足合唱,场面令人动容。《人民日报》还通过拍摄快闪活动微视频和制作列车影展微信图文,打通线下活动和线上传播,形成共情效应。

(三)纪念性报道的创新路径渐显

纪念性报道是"针对某个特定的历史事件、人物或历史纪念而展开的报道,它是基于新闻题材而划分的一种新闻形态"。纪念性报道以"历史"为报道对象,对相关人物和事件进程进行挖掘式报道。同时,作为主流媒体新闻宣传的常见题材，回顾历史发展脉络，总结历史发展经验，将其放在当代视角之下进行更全面而深入的解读，可以充分发挥纪念性报道在思想引领、舆论引导上的正面作用，以此激发人们对于幸福生活的向往，激励人们勇往直前地追求更高的人生价值与理想。由于纪念性报道具有报道时间的时距性、报道主题鲜明性、报道目的功能性、呈现方式多样性的特征，因而成了当下达成社会共识、实现社会整合的有力手段。同时，报道作为一种仪式，也建构了我们对于相关历史的集体记忆，使人们共享对历史和现实的共同理解。随着移动互联网的飞速发展，以"两微一端"为代表的新媒体平台让纪念性报道呈现出传播方式互动化，报道形式多元化，作品呈现方式立体化、场景化的新特征。以《人民日报》庆祝改革开放40周年为例，《人民日报》利用主流媒体报道的影响力，挖掘新渠道，拓展新思维，通过"两微一端"进行专题策划，获得了良好的宣传与传播效果。

游戏互动，故事托底，重点打造H5产品。为庆祝改革开放40周年，2018年12月16日，《人民日报》客户端与技术支持"天天p图"共同打造H5产品《看！这就是当年的我！你是什么样？》，网友可自主选择角色，如时尚青年、77或者78级高考考生、天安门前游客、进城农民工等，在选定后上传自己的照片，合成扮演不同角色的照片，体验时光倒流之感。2018年12月17日，《人民日报》客户端联合快手短视频推出H5作品《幸福长街40号》，刷爆朋友圈。改革开放40年的风雨历程通过漫画形式《幸福长街40号》呈现出来，鲜活的大场景、细致的小细节带网友一起重温很多历史性的时刻。《幸福长街40号》上线后，迅速在社交网络上刷屏，被赞为改革开放版"清明上河图"。网友纷纷来到"幸福长街"打卡，感受着改革开放40年翻天覆地的变化，重温时代记忆。

内外联动、渠道整合、统筹策划微视频。从2018年10月1日起，人民日报社新媒体中心与中央网信办移动网络管理局合作，与地方媒体联手打造并推出"中国一分钟"系列微视频。视频以时间为维度，以情感为内核，摆脱了以往宏大叙事的话语结构，用一分钟全方位地呈现祖国的山河魅力与风土人情，将国家发展与地方发展相结合，展现不同地区所取得的历史性成就，潜移默化地激发自豪感和认同感。不同于以往套路化、生硬感的宣传模式，"中国一分钟"系列微视频用变换的镜头语言、简洁明快的剪辑手法、充满创意的叙事风格，以小切口呈现大主题。同时，《人民日报》的"中国一分钟"系列微视频能取得良好的宣传效果,还在于它内外联动、协调统筹的推广渠道。对内来说,"两微一端"与《人民日报》纸质版相互协作,在短时间内形成聚合效应;对外来说,系列视频与地方主流媒体的新媒体平台相互协作,形成平行交叉的互动传播模式,扩大传播效应。微博话题助力官方舆论场与民间舆论场之间的良性互动。《人民日报》微博相继推出"改革开放40周年""中国一分钟""时光博物馆""你的奋斗终将伟大"等微博话题,登上了微博热门话题榜。其中"改革开放40周年"共获得32.7亿次的阅读量,参与讨论的人次达到427万。从互动仪式理论的角度来分析,微博话题作为一种新型的互动仪式,参与主体基于对关注的焦点所完成的内在情感演化机制,共享情感意义。与其他新媒体传播途径相比,微博话题有着独特的优势,它更容易将有共同观点、兴趣的人们聚集起来,从而在裂变式的互动中,将话题推向高潮。网民们热情参与庆祝改革开放40周年的微博话题讨论,名人、明星、普通大众、媒介机构交叉组合,共同构成一个灵活的、开放的大众传播网络。官方舆论场与民间舆论场在这样的互动中取得了积极的传播效果。

在《人民日报》融媒体发展的进程中,重大纪念性报道有着更为鲜明的特点。第一,多元组合新闻产品。融媒体为媒体间的跨界融合与不同形式的新闻作品的呈现提供了平台,围绕相同主题的新闻产品通过组合发布,达到良好的传播效果。在《人民日报》庆祝改革开放40周年的新媒体形式的纪念性报道中,根据受众细分原则,按照不同受众群体的媒介使用习惯与喜好,制作形式多样的新闻产品,在如"两微一端"等新媒体平台组合发布文字报道、视频报道、H5新闻产品等。不同的报道形式相互补充、多元化组合,呈现出重大纪念性报道在新媒体语境下场景化、互动化、立体化的优势特点。第二,注重产品情感挖掘。由于网络的匿名性、公开性等特征,现实生活中的情绪必然也植入到网络中。以H5为代表的报道形式就充分体现了情感因素在二次传播中的推动力。H5页面往往以故事化的叙述,通过视觉元素、听觉元素、时间元素等挖掘用户从受传者到再次传播者的情感共鸣。《人民日报》客户端发布的H5产品《看!这就是当年的我!你是什么样?》,用户通过上传个人照片,获取不同历史场景下的角色形象,并通过分享机制,让更多的好友参与进来,不仅加深了自我认同,同时也构建了共同体幻象。第三,声话结合的叙事。相较于传统媒体形式单一、古板、枯燥的表达形式,融媒体叙事取各家之所长,用声话结合的叙事手法对纪念性事件进行报道。《人民日报》客户端所推出的《幸福长街40号》就是一个非常有代表性的H5作品,它通过手绘对从1979年到2019年间每一年中具有代表性、典型性的社会元素和重大事件进行总结回顾,每一年还有经过精心设计的不同的背景音,在带给受众身临其境的阅读体验的同时,也让受众更加直观地感受到祖国的发展变迁,自然而然地从心底生发出民族自豪感。

（四）党报评论话语权方式丰富

互联网和智能手机的广泛普及、媒体融合时代的到来,为党报进入寻常百姓家提供了可能。中华人民共和国工业和信息化部公布的数据表明,截至2018年7月,全国三家基础电信企业的移动宽带用户总数达12.7亿户,使用手机上网的用户达12.6亿户。积极创新传播手段,利用好互联网的传播"蓝海",可以有效提升党报的传播力、影响力。与此同时,要在互联网的传播"蓝海"中更好地赢得主动权、主导权,也迫切需要党报创新话语方式,进一步增强在广大民众中的向心力和凝聚力。深受读者喜爱的《人民论坛》,在保持其一贯的为党和人民而论的鲜明评论立场的同时,近年来进一步贴近实际、贴近生活、贴近读者,在与读者进行围炉夜话般的娓娓叙谈中,明是非,辩曲直,聚共识,唱响主旋律,传播正能量,话语方式亲切温婉又昂扬向上,为我们提供了丰富启示。

《人民论坛》的系列评论《写在移动互联网的边上》为我们讲明了大道理,提供了新思考——"智能手机只是信息化社会的一个符号或者缩影,怎样在碎片化的时代思考,如何涵养宝贵的专注力资源,才是真正要紧的问题。"(摘自《可以"低头",别丧失专注》)"移动互联时代,我们更需要有温度的交往,有内容的互动。有人说,世界上最遥远的距离,莫过于我们坐在一起,你却在玩手机。"(摘自《有关联度,更要有温度》)人类社会需要足够的信息,更需要有含金量的思想。《人民论坛》的每一篇评论,都是在满腔热忱地与读者对话——"我们能不能告诉自己:在每一个想要批判的时刻,能不能有一种实践的冲动？毕竟,每个人都是价值出口。"(摘自《每个人都是"价值出口"》)"身处不良政治生态中,你被生态改变,这个生态就会恶化一分;你抱定操守,这个生态也就变好一分。"(摘自《你改变,政治生态就改变》)"在'恰同学少年'的宝贵青春年华里,很多人都曾有过拼搏奋斗的足迹,心中都淌着一条梁家河。"(摘自《不忘心中的梁家河》)……字里行间,处处透着亲切,又发人深思的真知灼见。

传统媒体与新兴媒体进行融合探索是应对媒介环境加速变化的必然举措,这种融合创新不是受制于外界的被动创新,而是为了提高自身的影响力、传播力,保持健康生长的主动出击。从"中央厨房"到"创作大脑",《人民日报》在拥抱新媒体的进程中积极消化新技术,转变文风语态,探索新闻舆论工作新的方法与导向。这对于当下传统新闻媒体提高融合能力、做好融合新闻有较大的指导意义。近年来,在中央媒体加快实施媒体融合战略的影响下,各级媒体的媒体融合实践都积极以马克思主义新闻观为指导,立足正确的政治导向,抓住融合的"牛鼻子",以优化政务、民生服务来提高舆论传播力、引导力,壮大主流舆论阵地。

第二节 以长兴县融媒体中心为例

作为现代传播体系的重要组成部分,县级融媒体中心的建设工作是媒体融合领域的新热点和新难点。习近平总书记在2018年8月21日的全国宣传思想工作会议上明确提出"要扎实抓好县级融媒体中心建设,更好引导群众、服务群众",这是习近平总书记首次对"县级融媒体中心"的建设工作作出重要指示。一个月后,中国共产党中央委员会宣传部在浙江省长兴传媒集团召开的县级融媒体中心建设现场推进会中,作出2018年600个县级融媒体中心建设、2020年底全国基本覆盖的工作安排。2018年11月14日,习近平总书记主持召开中央全面深化改革委员会第五次会议,审议通过了《关于加强县级融媒体中心建设的意见》,提出"要深化机构、人事、财政、薪酬等方面改革,调整优化媒体布局,推进融合发展,不断提高县级媒体传播力、引导力、影响力"。由此,县级融媒体中心的建设工作迎来发展机遇期和关键期。

长兴传媒集团由长兴广播电视台、长兴宣传信息中心、长兴县委报道组、"中国长兴"政府门户网站(新闻版块)跨媒体整合而成。2018年9月20日至21日,中国共产党中央委员会宣传部在浙江省长兴县召开县级融媒体中心建设现场推进会,将长兴模式作为全国县级融媒体中心建设的示范样板在全国推广,媒体融合的"长兴模式"由此进入大众视野。抓好县级融媒体中心建设,需要构建县级融媒体、强化平台建设、扩大创新广度,以更好地引导群众、服务群众。

一、县级媒体融合的概念

县级媒体是一种基层媒体形态,在发展道路上"复制了中央、省、市三级的媒体管理体制和资源配置方式,作为县域空间大众传播资源的垄断者而深嵌于区县行政体系"。县级媒体由于地域优势,也是现代传播体系的基础环节,承担着联系和服务基层群众的职能。但是,县级媒体由于资源短缺及忽视前期政策,在新媒体时代面临着巨大的生存危机。推动县级媒体融合,为县级媒体在新时期开拓发展道路,实现自身的独特价值,逐渐进入了人们的研究视野。县一级很少有正式发行的报纸,县级传统媒体主要指广播和电视,一些研究关注县级广播电视台在新媒体时代的转型发展策略。有研究认为,县级广播电视台应当革新组织架构,适应扁平化的互联网生态,搭建融合的采编系统平台,在内部形成跨部门沟通协作的采编流程与组织架构;加快与网络媒体融合,借助网络与受众互动,而不是简单地将广播电视节目用在线收听、收看或者点播的形式放在网络上;针对县级广播电视台处于最基层的情况,应当发挥区位优势和新媒体互动性、参与性、分享性的技术特性,面向基层群众的需求,用场景化的服务吸引社区用户,提高社区用户对本地媒体的关系黏性,比如,可以尝试打造公共生活服务类APP客户端,突破内容平移的传统思维,提供智慧社区服务。在经营方面,目前县级电视台主要还是依赖单一的广告盈利模式,可以通过延伸栏目运作、拓展文化活动、开发特色服务业等形式探索多元化经营模式,比如,长兴传媒集团的"媒体+电商""媒体+活动"的模式,该模式取得了可观的经济效益。

二、单兵作战转为全面创新,成就"长兴模式"

(一)"阵地"——主动作为

意识形态工作是党的执政能力建设的重要内容,以习近平同志为核心的党中央高度重视意识形态工作。在2013年的全国宣传思想工作会议上,习近平总书记强调,"意识形态工作是党的一项极端重要的工作","一刻也不能放松和削弱意识形态工作,必须把意识形态工作的领导权、管理权、话语权牢牢掌握在手中"。在2018年的全国宣传思想工作会上,习近平总书记再次强调,"建设具有强大凝聚力和引领力的社会主义意识形态,是全党特别是宣传思想战线必须担负起的一个战略任务"。

长兴县级融媒体中心建设的成功,就是源于在基层牢牢占领舆论阵地,把舆论主动权掌握在党媒手中,确保意识形态工作不出现"真空"和"飞地"。长兴县级融媒体中心从政治高度上解决认识问题,主动作为,敢于作为,善于作为,把自身作为党的理论、方针、政策的重要宣传阵地来建设。

(二)"融合"——主导战略

全媒体在传媒市场领域里的整体表现为充分发挥媒体的特色,针对受众个体则表现为分众化服务,因此,我们一方面要大力发展新媒体,抢占移动传播前沿;另一方面要不断推进传统媒体以用户思维为指导思想转型发展,推进传统媒体与网络媒体的全面互动、互补,实施全媒体平台的一体化传播。

长兴传媒集团组建后,重建了组织架构,力求整体运作有效。在不断完善党委、董事会领导下的事业法人治理结构时,按照采编、经营两分离原则,充分发挥媒体的宣传功能和社会功能。对上,在党委会领导下,设董事会、编辑委员会、经济委员会,实行绩效管理,构建责、权、利清晰的领导体系;对下,多次优化采编流程,2011年设立全媒体采访部,2012年搭建全媒体新闻集成平台,2016年升级融媒体平台,2017年将融媒体平台优化为融媒体中心,下设10个部室。构建融媒体中心,旨在适应和探索新形势下的新闻信息生产传播规律,升级采、编、播全平台生产流程,推动传统媒体和新兴媒体在内容、渠道、经营、管理等方面的深度融合,推动信息内容、技术应用、平台终端、人才队伍共享融通,推进管理扁平化、功能集成化、产品全媒化的工作。

优化工作流程,着力推进媒体融合从"相加"到"相融"。在集团组建时,各媒体平台仍是"独立王国",在采编人员选题策划、交流合作、联动报道等方面互动不多。为推进媒体融合从"相加"到"相融",集团在重建组织架构的基础上,以全媒体运行理念重塑采、编、播工作流程。首先,组建全媒体记者队伍,树立主动转型理念,强化业务技能培训,鼓励单一传统媒体形态的记者向兼具多样化采访与报道手段的全媒体复合型记者发展;其次,建立并不断完善《全媒体运行管理制度》,打造"一次采写、多元化编辑、多平台分发"的全媒体集约式采、编、播流程,深化新闻资源集成共享。最后,不断探索全媒体融合传播模式,强化传统媒体渠道与移动渠道的互通和联动,深化资源、平台、流程、产品上的多种融合,使得各媒体平台既能单独行动,根据自身特点安排播发内容,也能实现紧密联动,共同完成大型新闻宣传任务。既牢牢把握了新闻传播中"准"的导向要求,又充分体现了融媒体传播"新""微""快"的特点,同时还顺应了分众化、差异化的传播趋势,加快构建舆论引导新格局。

(三)"移动"——主攻方向

长兴县建立立体多样、融合发展的现代传播体系,以"抢终端"为抓手,提高新兴矩阵宣传传播力,不断加快移动端产品的开发,推出了包括短视频、掌心视频、掌心音频、微直播、微游戏、VR等多种类型的融媒体产品。同时,强化传统媒体渠道与移动渠道的互通和联动,从"相加"到"相融",不断深化资源、平台、流程、产品上的多种融合。

首先,重点打造"两端一端"。目前,集团自运营的微信公众号有8个,代运营的乡镇部门微信公众号有28个。"掌心长兴"微信公众号的粉丝量为15万,头条日均阅读量达1.4万。"掌心长兴"APP客户端定位为"新闻+政务+民生",重点搭建本地最优质服务平台。

同时,长兴传媒集团深耕本土,做精原创,通过创意策划和技术手段,把时政新闻、权威报道、原创内容等在移动端进行编发,实现优质内容的新媒体化,增强传播的亲和力与影响力,比如,H5作品"寻水的鱼"在两天内的浏览量突破40万,H5作品"秸秆漫游记"获得浙江省新媒体重大主题H5大奖浙江省新闻奖二等奖、中组部新媒体奖项。此外,突破空间区域和运营领域,探索跨区域和跨平台的合作。2017年10月,长兴传媒集团签订全面战略合作伙伴协议,入驻人民日报党媒公共平台。长兴传媒集团多次与"新浪浙江"合作,如"东鱼坊悬赏令"微博话题和视频流的专项推送,微博单条阅读量达2.2亿,粉丝增长1.5万人。

(四)"人才"——主体支撑

人才是媒体发展的根本,尤其是当代所需要的融媒体人才。长兴传媒集团一直以来都非常重视人才队伍建设,并落实了对外引进和内部培养等配套机制。自2017年以来,长兴传媒集团启动"万物生长"学习提升计划,提升传媒人才队伍素质。同时,长兴传媒集团完善薪酬体系,打破编制内外人员的身份局限,实现按岗定薪、同岗同酬、量化考核、多劳多得的分配模式,实现管理骨干和业务骨干双通道管理,出台了五级贯通升降制、首席制等系列激励机制,使员工获得最大化的提升空间。

长兴传媒集团重视每一位员工的思维创新,不仅设立图书阅览室,每周开展专题学习,邀请业界专家开展业务培训,还派出考察团队,到国内主流传统媒体和优秀的互联网公司中学习先进的工作理念,为全面提升集团核心竞争力和整体实力提供智力支持。

三、"借梯上楼",建设全方位新格局

打造集合平台。长兴传媒集团以内容生产为主线,实现媒体业务汇聚,为县级媒体搭建了支撑优质内容生产的集合平台,形成融合发展合力,比如,在长兴传媒融媒体平台,每个人都有一个名为"咔咔"的移动账号,通过平台可以随时调用共享信息,统筹传统媒体和新媒体的多种业务,实现资源共享、一体化发布,提高内容生产效率。这既是顺应媒体发展、媒体演变的有力之举,也是响应中央号召的不二之选。在移动互联网时代,长兴传媒集团推出"传播组合拳",汇聚了"长视新闻""小彤热线""观点致胜"等多个优质节目以及FM97.3的"太湖之声"、FM106.6的"新闻交通"等广播频率,还有《长兴新闻报》《太湖晨报》等精选报纸,打通区域内的新旧媒体,进行多种形式的合作,成片化、成规模化地汇聚在一起。长兴传媒集团打造了集媒体和电商于一体的"长兴帮频道",以手机加电视的新模式,结合"长兴帮"APP,建成长兴本地第一生活服务平台,为本地受众提供全方位的资讯和服务。

立足本地民生,打通"最后一千米"。长兴传媒集团大力开拓互联网业务,有效对接政务服务平台,开展基层网络社区化沟通服务,为受众提供交通出行、医疗教育、文化旅游、电子商务等多种生活信息服务,比如,长兴传媒集团重点打造的"掌心长兴"APP,以新闻资讯为引,重视新闻的本地化和服务性,设置"拍客""读报""H5""滚动新闻"等形式,打造小而美的当地小百科。同时,积极提供政务服务和生活服务,让受众可以在客户端"一键完成"驾驶证换证、居住证办理、身份证申领、机动车登记等事务。长兴传媒集团通过整合资源,与微博、微信、APP客户端等新媒体、新平台从"相加"到"相融",带来县级媒体传播格局的深刻变革。作为县级融媒体中心的典型代表,长兴传媒集团根据自身的特点和规律,坚守住了县级媒体的宣传阵地,以长兴广播电视台为核心,构建起县级融媒体的传播格局。坚持受众本位,以受众为中心,关心受众所聚焦的话题,尤其是为本地受众构建了集信息发布、便民服务为

一体的融合传播平台。

布局大数据产业,打好"服务牌"。近年来,传统媒体面临行业转型危机、经营业绩下滑等严峻问题。一方面,长兴传媒集团始终在不断调整和完善其业务发展战略和发展方向,着眼于用户需求,延伸媒体功能,比如,筹办"小浦镇银杏节""吕山乡湖羊节"等品牌商业节,打好"服务牌",积极开展相关经营性活动和公益性活动;另一方面,长兴传媒还立足于县级融媒体原有的新闻传媒业务,大力拓展新闻产业链,实现各新闻业务板块间数据的互联互通,例如,开展信息化业务,打通当地的社会治安监控业务、数据服务类项目、云数据中心等。在智慧城市建设的过程中,积累大量媒介资源和运营管理经验,以大数据中心和云计算平台为支撑,构建大数据业务板块,最大程度地发挥自有资源优势,以及利用大数据产业的集聚效应和协同效用,全面加速县级融媒体的互联网转型,增强自身综合实力,创造新的盈利增长点。

重视技术运用和思维创新。依托技术创新,长兴传媒集团建立全新的媒体传播介质,搭上媒体转型升级的"快车",提高新闻产品附加值。比如,长兴传媒集团为记者配备了近十架无人机,主要供采访部、新媒体部使用,统一办理相关证件,要求每个记者都会操作无人机。在推进县级融媒体中心建立的过程中,长兴传媒集团高度重视技术的运用,比如自主研发的"易直播"操作系统,该操作系统为网络直播提供技术支撑,将指挥中心的功能进一步拓展,高效地走上融合发展之路。不仅如此,长兴传媒集团还和多家技术公司广泛对接、合作,采购多家技术公司的服务,设立融媒体演播室、新媒体直播车等,合作开发了融媒体指挥平台系统。长兴传媒集团下设10余个部门,从思想观念入手,将所有的记者转变为全媒体记者,为不同平台提供不同风格的稿件,以实现差异化传播。同时,通过举办创新大赛,设立优秀人才工作室,对脱颖而出的项目给予资金扶持,进行培育孵化。

四、强化用户为本,拓展创新广度

长兴传媒集团始终坚持媒体是党和人民的"耳、目、喉、舌"这一功能定位。在8年的融合实践中,长兴传媒集团由平台的简单"相加"向深度"相融"转变,实现了从"物理反应"到"化学反应"的蝶变。传播媒介有变,党媒属性不变。长兴传媒集团拥有广播、电视、报纸、杂志、网站、APP客户端、微信、微博等多个传播平台,传播形态丰富、多元,但不管传播载体形态如何演变,媒体融合坚持党媒性质这一点不会改变。长兴传媒集团在构建媒体融合发展格局的过程中,始终坚持党媒属性不动摇,保证媒体融合沿着正确的政治方向前进和发展。体制机制有变,人才导向不变。在"事业单位企业化运作"的原则指导下,不断推进体制机制的改革创新,实行党委会领导,内部设立董事会、编辑委员会、经济委员会,形成重大决策、舆论宣传、经营创销三大体系统一运行、互助发展的总体管理架构。不断探索融媒体运作的全新机制,并通过深入推进人事分配制度改革等举措,建立起符合传媒业发展要求的现代企业管理制度。理念在转变,机制在优化,但是人才为本、人才优先的发展理念从未改变。长兴传媒集团以培养打造"一专、多能、一尖"的融媒体采访队伍为目标,通过内部锻炼、跨岗交流、外部引进、师徒结对等多项措施,全方位提升人才队伍的素养。

创收模式有变,价值取向不变。随着传播方式和媒体形态的不断演变,集团运营模式和发展路径不断创新,推动经营创收转型升级,从纯广告业务为主,到产业多元化经营,目前政务合作、活动营销、产业经营、商业广告创收比例基本为3:3:2:2,为媒体融合的推进提供了坚实的基础。始终坚持正确的政治方向、舆论导向、价值取向,紧密结合长兴实际,全力做大做强正面宣传,传播主流声音,弘扬社会正气,凝聚积极、健康、向上的正能量。

传媒技术有变,内容不变。内容与技术,是神与形的关系。在媒体趋于深度融合的当下,新技术是媒体融合的助推器,为打造优质内容带来了更多的可能。技术的发展、设施的改进,是媒体发展的基础。近年来,长兴传媒集团加快回归媒体的本质,把更多精力投向内容创作,生产更多有思想、有温度、有品质的新闻内容,不断提升媒体的传播力、引导力、影响力、公信力。

作为新闻媒体,内容永远是根本,是"硬通货",是核心竞争力。长兴传媒集团始终坚守"内容为王",以内容优势赢得发展优势。长兴传媒集团坚持新闻本土化,每年推出县委、县政府中心工作相关的重大主题报道近40个、小型报道60多个。长兴传媒集团坚持栏目民生化,开设民生栏目《小彤热线》,充分发挥"6111890热线""市民督导团"的作用;策划《温暖》栏目,累计播放142期,带动社会各界人士1000余人参与帮扶低保户、低保边缘户、残疾家庭、大病家庭等,并在爱心企业的支持下,筹集到200多万元爱心款,成立了"温暖公益基金"。长兴传媒集团坚持活动品牌化,每年举办各类活动300多场,而广播部每年要完成各类大小活动100场左右,其中"幸福都是奋斗出来的""信仰的力量""永远跟党走"等活动广受好评。同上级媒体和知名互联网平台的合作不断深化,专题活动逐渐向定制化、全网化、高端化、精品化、系列化发展。长兴传媒集团积极拓展专题制作业务,年均完成近100个专题,创收400万元。广播部策划制作的微广播剧和"掌心音频",常年制作系列音频产品,而且开始逐步走向市场,进行定制化生产。移动优先化,移动端产品多样化,"掌心视频""掌心音频"推出,目前每月的短视频生产量突破50条,最高的阅读量在自己的平台上就能够突破6万。纪念改革开放40周年的音频节目《历史的回望》的第一集《狄家斗的故事》,传播量达到将近60万。推出微直播栏目,主打各类突发事件、新闻直播,"河长带你去治水"总观看人数超过11万,端午节时的直播观看人数突破5万。"山竹"台风突袭的直播则是在上午10:00的广播上率先直播,紧接着"掌心长兴"微信、微博滚动直播,然后午间12:15电视直播,一直持续到下午13:30,第一时间传递了长兴四个乡镇遭受灾情的信息,影响力巨大。"直击太湖高水位""直击暴风雪""强降雨来袭"等现象级的移动直播在长兴传媒集团屡见不鲜。2017年9月以来,四期大型融媒体舆论监督节目《直击问政》相继推出,每个季度一期,直面社会热点问题,节目收视率屡创新高,推动解决了大量社会问题。长兴传媒集团策划制作的微电影《亲水谣》、纪录片《工业的力量》《了不起的企业家》《摆脱贫困》《我们村干部》《老兵无悔》等好评如潮。自2014年开始,长兴传媒集团每年坚持开展融媒体直播12场,已形成一套成熟的运行机制,成为收视增长的最大利器,《铁军红流》《高考揭榜夜》《一起跑太马》《破风环太湖》《铁三铁三》《开学第一课》《清明图》《端午来了》等屡次创下电视收视率新高。

"参天之木,必有其根;怀山之水,必有其源。"县级融媒体中心的建设,需要主动作为,树立阵地意识,在主导战略上抓好融合发展,在主攻方向上体现移动优先,在主体支撑上用好县级广电资源。有高度的政治担当,有明确的发展战略,有可行的技术路径,有明晰的本土意识,县级融媒体中心才能成为具有现代传播能力的融媒体平台,才能有效地引导群众、服务群众,才能在保障意识形态安全上有新作为、作出新贡献。

第三节 以《中国教育报》为例

当前,互联网已经在很大程度上改变了人们的日常生活方式,以互联网为基础的数字技术使人类社会进入快速发展的新媒体时代,人们的阅读呈现典型的多元化发展趋势。

在媒体转型的大潮中,中国教育报刊社高度重视媒体融合发展,近几年不驰于空想,不骛于虚声,扎实推动融媒体建设,形成了"两报四刊三网一端"和新媒体矩阵的全媒体布局。在两会报道前夕,积极筹谋创新,整合旗下的《中国教育报》、中国教育新闻网、"中教之声"APP客户端、《中国教育报》微信公众号等媒体,统筹人力物力,重构新闻生产流程,通过构建融媒体技术平台、搜集教育舆情数据、加强研判策划,在内容生产上一次采集、多种生成、多元发布,既反应快速,又有专业深度,取得了较好的传播效果。

统计显示,在两会期间,《中国教育报》、中国教育新闻网移动客户端上累计出现了36篇阅读量超过10万的文章,其中有4篇的阅读量超过了100万。中国教育报刊社的移动客户端内容在各平台的推荐量达到4.1亿,阅读量超过3411万,评论留言2.3万余条。

一、全方位促进媒体融合发展

(一)用数据思维引导新闻生产

行业媒体是党和国家新闻宣传阵地的一支重要力量,承担着宣传行业政策、指导战线工作、引导舆论方向、推动行业发展的重要责任。在自媒体时代,舆论主体多元化、传播平台多样化、舆论交锋复杂化的形势给行业媒体发展带来了不可小觑的影响。近年来,《中国教育报》把提高传播力、引导力、影响力、公信力作为一个系统工程,在体制机制、媒体布局、内容建设、技术支撑、渠道拓展等方面进行了探索。

1. 调整组织结构,构建全方位、立体化的融媒体格局

2014年年底,中国教育报刊社利用第八届全员竞聘的时机,成立了全媒体中心,奠定了中国教育报刊社媒体融合发展的组织结构基础。全媒体中心不是与各编辑部相并列的部门,中国教育报刊社党委给它的战略定位是做统筹、协调报刊社媒体融合的"母平台、司令部、主力军、试验田"。

2. 重构生产流程,探索采编一体化运行机制

没有采编流程的融合,就没有融媒体生产力和传播力的提升。从探索融媒转型开始,中国教育报刊社就开始探索融媒采编流程,成立中央编辑部,统筹报刊、网络资源,形成了顶端有统筹,过程有机制,"你中有我、我中有你"的融媒体流程。

在重大战役报道中,总编辑坐镇调度中心,靠前指挥,加强舆情研判、统筹策划,明确重点选题、人员分工及刊发要求,采编人员各司其职,各负其责,纸媒、网媒、移动端发挥各自优势,形成1+1>2的效果。在日常运行中,着力探索重点新闻、热点报道的采编一体化运行机制,确保前端策划、中间采编和后端发布三个环节运行畅通,实现新闻传播效果最大化。

3. 强化内容建设,以产品化思维做内容

在融媒体时代,报纸不再只是一张"纸",而应当成为覆盖全网、融合多端、包含多种媒介形式的"报"。要做到这一点,必须以产品化的思维来做内容。

2016年,在全国两会期间,动漫短视频《教育扶贫,我们还是蛮拼的》一经推出,就获得了400多万的点击量。2017年教师节,《中国教育报》创造性地打造了一份以"引路人"为主题的有声报纸:《听!好声音点亮教师节,好作品点赞"引路人"》。《中国教育报》除了16个版面的教师节特刊,还通过歌曲、朗诵、沙画等多媒体的形式,讴歌教师精神,营造全社会尊师重教的氛围。献礼教师节的歌曲《我喜欢》一经推出就刷爆网络,成为现象级传播作品,当天仅在微信公众号上就获得了40多万的点击量,在网易云音乐上登上同类歌曲当日热门榜单。《中国教育报》还征集教师节诗歌,择优发表,并邀请众多名师和读

者朗诵,仅在微信公众号上即突破百万点击量,点赞数过万。《中国教育报》特刊的16个版面,与教师节短视频同样以沙画为背景,以"引路人"为主题,构成全媒体传播态势,获得了意想不到的传播效果。

4.打造数据平台,加强新闻生产传播能力建设

这两年,中国教育报刊社顺应媒体融合大潮和技术发展趋势,与知名大数据企业合作,加强媒体融合"数据+服务"平台建设,开发了教育大数据平台、教育融媒体智能生产和传播平台、教育用户资产管理平台、教育舆情监测和行业数据应用平台等。基于数据策划选题、数据生产内容、数据考评传播效果,大数据技术成为选题的"聚光镜"、内容的"孵化器"和传播的"晴雨表"。

在2018年全国两会召开之前,中国教育报刊社舆情监测平台对全国两会重要的教育议题进行了全网监测,对往年建言献策较多的教育界代表委员的观点进行定向跟踪、搜集、研判,对老百姓关注的舆情热点进行预测。在全国两会期间,对教育界代表委员的信息及其提案进行"地毯式"搜索。根据这些数据,《中国教育报》形成了两会舆情简报,确定了"减负及校外机构治理""中小学三点半现象""普惠性幼儿园"等多个重点和热点选题,生成了一系列专题报告,并在传播数据分析的基础上,根据不同的传播渠道优化内容生产,在不同平台实现差异化传播,大大提升了传播效果,增强了引导力和影响力。

(二)提供多重服务,确保读者满意

《中国教育报》坚持走"新闻+服务""数据+服务"的路径,努力在提升媒体引导力和影响力的同时,满足教育行业、部门、学校及广大师生的多元化需求,打造立体化的产品结构,提升服务能力。

1.打造智库产品,提供行业情报和信息服务

自2016年以来,中国教育报刊社陆续建设了教育舆情监测和行业数据应用平台,成立了基于媒体传播、数据分析与互联网产品开发相融合的新型教育智库——中教传媒智库,在此基础上探索打造舆情产品,推出多样化的教育行业信息服务,为各级教育决策管理者提供教育改革情报、智库分析报告和决策咨询服务。经过两年的实践发展,中国教育报刊社已初步形成"三大平台+三条产品线"的业务格局,即舆情监测和行业数据分析平台(数据处理)、蒲公英评论网络互动平台(人才库)和领教APP(互动传播)三大平台,以及教育改革情报、智库分析报告和舆情服务三条产品线,目前已推出《教育舆

情内参》《教育改革情报》《教育决策参考》《校园足球情报》等产品以及舆情培训、学校危机应对援助等线下服务,好评不断。

2. 开发语音课程,把课堂送到教师、家长等身边

依托《中国教育报》微信公众号的用户基础,中国教育报刊社在2016年开发了基于移动端的"中国教育之声"语音直播间。该直播间面向广大教师和家长,每周推出两节语音课,分享科学育儿理念给家长,分享专业成长经验给教师。开播以来,业界名师、校长、畅销书作者、家庭教育专家以及不少高考状元都先后做客直播间,讲授语音在线课程,目前已推出近200节在线语音课,平均每节课听课人数都超过万人。

3. 探索视频直播新方式,拓展线上知识服务新渠道

2016年被称为"直播元年",移动互联网进入视频直播时代。考虑到广大教师有学习的需求却缺少学习的机会,中国教育报刊社推出视频直播产品,聚焦于"直播+教育培训""直播+教育会议""直播+教育讲座""直播+教育新闻"等多种业务,为教师学习提供方便。从2016年8月开始,"中国教育之声"语音直播间到2016年年底共直播57场,2017年全年直播近300场,为广大教师、家长学习提供了一个全新的线上知识服务渠道。

4. 拓展行业服务,打造行业垂直服务平台

立足行业,精耕行业,打造垂直平台,服务行业用户的特定需求,这是行业媒体转型发展的机会所在,也是近年来中国教育报刊社的工作重点。全国青少年校园足球展示平台就是由全国青少年校园足球工作领导小组办公室授权、中国教育报刊社开发建设的。该平台利用UGC模式,为全国青少年校园足球试点区县和特色学校搭建全方位、立体化、多维度的网上展示平台,目前已有102个试验区县和2万余所特色学校注册,成为推动校园足球工作、服务试验区和特色学校的重要平台。再比如,中国教育人才库就是瞄准教育部门、学校招聘教师的需求和用户寻找教师岗位的需求而研发建设的。目前,这个基于互联网+时代的智能人才招聘平台已有数百个学校和教育机构入驻,成为教师获取招聘信息的一个重要渠道。

5. 整合广告营销,提升新媒体商业价值

做用户全方位的媒体服务管家,为用户打造定制化的宣传方案,这是行业媒体融合经营的一个方向。这两年,中国教育报刊社整合全媒体平台资

源，推出了互联网教育产品推荐、信息定制等服务，既满足了企业的宣传推广需求，又满足了用户的阅读需求，实现了经济效益和社会效益的双丰收，新媒体的价值日益提升。2017年，中国教育报刊社仅在新媒体领域就服务了100多个客户，包括50多家互联网教育企业，收入超过530万。

（三）"全渠道＋差异化"推广实现有效传播

在移动互联网已经成为舆论主阵地的今天，中国教育报刊社在"两报四刊三网一端"之外，着力打造包括40多个微信公众号在内的新媒体矩阵，其中《中国教育报》微信公众号的用户已达到245万人，2017年全年发表阅读量超过10万的文章有350多篇，在主流教育媒体中拥有很大的影响力。

此外，中国教育报刊社与今日头条、一点资讯、腾讯新闻、搜狐新闻等众多移动资讯平台合作，"借船出海"，拓展舆论阵地，采取"全渠道＋差异化"的推广策略，取得了明显的效果，比如，在2018年全国两会期间，《中国教育报》的微信团队创作的《还在为孩子上幼儿园发愁？总理发话了，一定要让家长放心安心》一文，仅在今日头条上24小时内的阅读量就达到400多万，而《孩子放学了你还没下班？教育部长点名三点半难题，家长不用烦恼了》一文，在今日头条上的阅读量达到了524万。

中国教育报刊社顺应媒体融合大潮，自主研发了融媒体智能采编传播服务平台，消除了报纸、杂志、网站和客户端之间的技术壁垒。在服务平台技术支撑的基础上，报刊社的中央编辑部创建了"中央稿库"作为稿件传送枢纽，由编辑将记者采写的稿件编辑成不同的内容形态，分发推送到不同的平台上去，实现了采访、编辑、出版、发布和传播的一体化。通俗一点来说，"中央稿库"类似于现在流行的"中央厨房"，技术平台就是厨房的操作间，记者在会上获取的素材是"食材"，中央编辑部的编辑是"厨师"，经过"厨师"的加工，将不同的"菜品"送给不同"食客"（即报纸、杂志、网站和客户端等的用户）。

以前，新闻内容的生产对媒体而言最重要，而现在，新闻内容的分发和生产一样重要，中央编辑部充分考虑到了这一点。在新媒体主打及时性、互动性、可读性与报道元素的多样性时，纸媒则主打深度性、专业性和权威性。

例如，2018年3月3日，全国政协十三届一次会议开幕，时任教育部部长陈宝生在"部长通道"第一个亮相，《中国教育报》微信公众号实时推送集视频报道、图片报道与专业解读为一体的融媒体报道文章《给教师提待遇！给家长解难题！教育部部长发出两会"部长通道"第一声！》。该报道在推送后，阅读量很快超过10万，众多用户也写下留言，取得了较好的传播效果。第二天，《中国教育报》推出了4个版面的内容，对"部长通道"的内容进行深度解读，一版刊发新闻特写《陈宝生在"部长通道"上回答记者提问——为老师办实事帮家长解难题》，二版刊发两会快评《完善待遇保障机制让教师更乐教》《破解"三点半难题"需综合施治》，三版刊发通讯《让教师成为令人羡慕的职业》，报道基层教师、校长对部长讲话的反响，五版刊发《弹性放学课后服务"升级"》，报道近年来教育部及各地破解"三点半难题"的新举措和所取得的新成就。这四个版面的深度报道体现了中国教育报刊社的快速反应能力及预判性策划报道的能力。

为更好地满足用户对教育新闻的需求，坚持"用户在哪里，内容就要推送到哪里"的原则，在传播上"借船出海"，在充分利用微信公众号、APP客户端、网站和纸媒的同时，与今日头条、一点资讯、腾讯新闻、搜狐新闻等移动资讯平台合作，采取"全渠道＋差异化"的推广策略。根据移动端、电脑端、纸质媒体的用户画像不同，分别对政府工作报告、"部长通道""部长交账""部长访谈"和"部长答记者问"等重要原创性时政报道以及评论做了全网、全平台推送，让用户产生更为立体化的阅读体验。

（四）创新产品内容，满足读者需求

1. 创新内容，靠专业性赢得用户

内容创新是行业媒体赖以生存的根本，也是《中国教育报》新闻采编工作的重中之重。如何进行内容创新？要点如下：其一，坚守正确的内容观。弘扬主旋律，用"正能量"内容引领网上舆论，这是《中国教育报》始终追求的方向。其二，紧盯用户的关切点。在中国共产党第十九次全国代表大会期间发布的《各科老师怎么跟学生们讲十九大报告？太值得一看了！》《老师，告诉学生这8句话，为新时代打call！》等文章，一经推送立即引爆互联网，阅读量破百万。其三，把用户卷入生产过程中来，使之成为新闻的传播者甚至是生产者，比如，"关注教师福利"的新闻选题吸引了50万用户参与问卷调查，调查结果成为新闻的重要组成部分。其四，紧跟热点选题，凸显专业价值。以专业的眼光策划选题、从专业的角度分析问题、靠专业的解读凸显特色是《中国教育报》的追求，比如，《＜摔跤吧，爸爸＞这么火，里面的8条教育启示你读懂了吗?》就是靠专业化的解读吸引了众多用户,文章一经推出,阅读量就迅速突破10万。

2. 创新产品,不断提升影响力

重视内容产品的创新,通过产品创新来提升传播力和影响力,这是中国教育报刊社推动融合的着力点。具体来说,一是探索音视频报道,丰富媒介形式。在2018年全国两会期间,推出了《中国教育报》小程序,主打音频栏目"两会伴读""两会速递"。在中国共产党第十九次全国代表大会期间,策划了"砥砺奋进的五年大型成就展"在线直播,10余场直播吸引了全国100多所高校、20多个县市教育行政部门组织的观众集中收看,日均观看直播的IP地址数量超过2万个,收看直播的人数过百万。二是成立"好老师成长学院",为中小学教师提供移动客户端直播系列课程,深度开发在教师专业成长领域内专业、成体系、有深度、个性化的移动客户端服务产品,尝试知识付费,服务教师专业成长。三是"两会E政录"融媒体报道成为2015年以来中国教育报刊社每年两会报道的重点成果,中国教育报刊社仅在2017年全国两会期间就邀请代表委员录制了20期视频访谈节目,发布适用于报纸、杂志、网站和微信客户端的新闻报道60多篇、新闻视频40多期、短视频102个。四是精心打磨H5产品。在中国共产党第十九次全国代表大会期间,通过《我向总书记做汇报》《这个游戏一玩儿就上瘾! 快来猜一猜,中国教育到底有多牛!》等多个H5产品,向用户介绍近五年来我国教育的喜人成就,成为融媒体报道的亮点。

3. 实施创新工作室计划,打造内容和产品孵化器

在新媒体时代,对传统媒体而言,什么最重要? 人才! 如何激发人才的创造力? 中国教育报刊社启动创新项目工作室计划,鼓励记者、编辑大胆提出创新性项目,组建创新项目工作室,打造适应互联网传播新格局且舆论引导力和市场竞争力俱佳的影响力产品、市场化产品和新媒体产品,推动形成面向市场的运营机制。社内外专家评选出了产品类、内容类、品牌类和技术支撑类四大类共15个项目,中国教育报刊社对于立项项目,给予政策、经费、人力、资源等各方面的支持。这一举措极大地调动了采编人员的积极性,创新项目成为中国教育报刊社推动媒体融合的一个重要突破口。

二、融媒体时代《中国教育报》的品牌传播着力点

(一) 忠实的读者人群

教育报刊在长期发展的历程中获得了自己的优势,它们大多有较为稳定的读者群体,也树立了自己的业界口碑,建立了品牌形象。教育报刊了解教育动向,熟悉教育趋势,贴近教育政策,制作的很多内容都是"干货",可以吸引忠实的读者人群。在新媒体时代,教育报刊的品牌传播应该立足于扩大自己的读者群体,进一步加大自己在读者群体上的优势。

(二) 专业的编辑团队

我国教育报刊基本上都是体制内的行政事业单位,对教育政策的走向有着准确的把握,这是其他报刊难以具备的优势。在多年的发展中,教育报刊建成了高水平的编辑团队。编辑团队具有学者化和专家化的特点,并且拥有丰富的内容制作经验,这是教育报刊的一大优势。在新媒体时代,教育报刊要扩大品牌传播影响力,需要充分利用编辑团队的"正能量",通过强化他们的市场意识,推动他们制作出更多满足读者阅读需求的高水准内容。

(三) 凸显内容优势,追求制作深度

在新媒体时代,教育报刊品牌传播的出发点就在于凸显内容优势,扩大市场份额,借助新媒体的传播优势,不断扩大自身影响力。《中国教育报》一方面一直致力于打造中国教育品牌,不断强化自身在教育领域的专业性和权威性;另一方面,面对新媒体的冲击,它也能应对自如,不断拓展自己的读者群体。这一点值得其他教育报刊深思和借鉴。《中国教育报》扎根于读者群体,高度重视读者的反馈和读者关心的教育问题,并通过媒体平台做出深度解析,成为中国教育报刊的一面旗帜。

在2017年两会期间,《中国教育报》率先出击,提前谋划,充分整合新媒体和纸媒平台资源。该报运用微信公众平台,征集读者最为关注的教育话题,在两会开始后,记者就在现场采访相关代表委员,让他们发表对这些问题的看法,获取第一手专业资料并进行深度解读,从而为读者提供具有深度的教育论题报道。《中国教育报》对"家庭、社会、学校的教育责任边界"的解读经过微信平台发布后,迅速被各家媒体平台转发并持续发酵,形成深度的传播影响力,诠释了教育报刊的品牌生命力在于内容。

在各种教育理念盛行的新媒体时代,教育报刊只有强化自己的品牌意识,拒绝盲从,坚持客观和科学的立场,引导受众正确认识教育价值,方显理性;只有及时跟进各类教育难点和热点问题,在问题导向思维的引导下,深度剖析教育舆情,进行深度的内容制作,方显深度;只有面对各种教育现象和信息做出专业判断,针对舆论焦虑做出专业解读和回应,方显专业。为了适应这些变化,《中国教育报》进行了有益尝试,在版面设计上进行调整,升级了深度报道和评论两个部分,尤其是撤销之前以广告为主的四个版面,集中精力做深度内容。此外,做好头版也是教育报刊在品牌传播中不可忽视的重要工作。《中国教育报》的"国际教育观察"栏目针对受众关心的教育问题提供有专业深度的见解,无疑为众多教育报刊提供了范本。

(四)丰富传播形式,提升内容传播影响力

在新媒体时代,教育报刊的内容传播形式应突破传统的纸质媒介束缚,在传播形式上进行拓展,以受众喜闻乐见的新形式来赢得读者的青睐,打造爆款,获得更好的传播效果。

首先,对教育报刊新闻采编人员而言,只有笔和本子显然不能满足新媒体时代内容采编的需要,新闻采编人员必须熟练运用各类新的采编工具。《中国教育报》的新闻采编人员基本上人手配备一个随身Wi-Fi、一部带有远程直播功能的智能手机和一个防抖平台,这些装备使得记者能够真正适应新媒体环境下新闻采编和制作的工作要求,使记者转型为全能型选手。这是教育报刊为了顺应新媒体发展而必须迈出的一步。

其次,教育报刊要拓展新的传播形式。在2017年两会上,《中国教育报》打造了产生强烈反响的"两会E政录"品牌直播栏目,充分发挥媒介融合的优势,通过网络直播的新传播形式,得到了非常好的传播效果。"两会E政录"是《中国教育报》专门针对两会推出的一个直播栏目,打造了教育报刊的直播新生态。该栏目围绕受众关注的一些教育领域里的话题,邀请两会代表到视频演播室开展面对面的访谈直播,受众通过观看网络直播,获取自己所需要的教育信息。同时,《中国教育报》还在微信公众号等新媒体平台上推送每期直播的预告,并在直播平台上提供了多样化选择,粉丝可以在新浪微博、一点资讯、今日头条以及微信公众号等平台上观看自己预选的节目。

中国教育报刊社顺应时势,成立中央编辑部,对内容采编和制作进行统一调度和指挥,通过集中办公,推动媒体传播渠道的整合,并成立专属的新媒体中心,在内容产品的传播形式上追求声画协同的多元效果。这样,其内容制作不再局限于文字和图片的传统形式,而是融合视频、动画等元素,为全媒体平台的传播提供了丰富材料。内容生产完成后,即被发送到各媒体终端,包括《中国教育报》的纸媒平台、《中国教育报》的官方新闻网,和企鹅号、头条号和微博等新媒体终端,实现了多元渠道的传播覆盖,提升了品牌影响力。

新媒体时代给我国教育报刊既带来了生存发展的危机,又提供了前所未有的转型发展的机遇。《中国教育报》作为我国教育报刊品牌传播的一面旗帜,为我国教育报刊提供了可借鉴的范本。我国教育报刊只有构建新媒体和传统媒体结合的品牌传播视角,才能打造具有持久生命力的教育报刊新业态。

第四节　以上海移动为例

企业要保持健康持续的发展，离不开企业文化的引领，而企业新闻宣传是企业文化的重要组成部分。中国移动通信集团有限公司上海分公司是从原来邮电企业分营出来的电信运营商，传承了国有企业重视企业文化建设的优良传统，从1999年成立之初，公司党委就明确了企业的宣传理念，创办了每周电视栏目《移动之窗》和半月报《上海移动通信》等。曾经的电视荧屏加纸媒的自办传统媒体为企业的思想政治工作以及企业改革、创新、发展提供了强大的舆论支持和精神动力，发挥了积极、有效的舆论导向作用，但随着以互联网为代表的信息技术的进步，传统媒体的宣传方式如何融入时代潮流，成了一道新的课题。

一、走向媒体融合是企业新闻工作的必经之路

互联网的迅猛发展，催生了新媒体。新媒体就是依靠互联网技术发展起来的一种新的互动式媒体形态，包括网络媒体、手机媒体、数字电视等。新媒体以移动网络为基础，交互性更强，获取信息和传播的速度更快。融媒体就是把依靠互联网技术发展起来的新的互动式媒体形态（包括网络媒体、新媒体、数字电视等，即数字化新媒体）和传统的媒体形式（包括广播、电视、报纸、杂志等，特点是单向传播信息）融合起来，利用两者既有共同点又存在互补性的特点，在人力、内容、宣传等方面进行全面整合，实现"资源通融、内容兼容、宣传互融、利益共融"的新型媒体。

(一)融媒体的特点

很明显,融媒体结合了传统媒体和新媒体的长处:一是传播途径的多样性,融媒体在传播途径上更加多样化,如个人与个人传播、集体传播、组织传播和大众传播等;二是信息的双向互动性,融媒体的数量庞大、类型广泛的特点使得融媒体的主客体之间的互动性更强;三是受众的群体广泛性,融媒体的用户数量庞大,受众范围更广,受众资源极其丰富,受众可以随时随地通过移动终端查询、了解最新的新闻资讯并进行交流和评价;四是信息的传播即时性,融媒体能够进行即时报道和信息沟通,更新速度快,时效性强。

(二)媒体融合趋势

当前推动传统媒体和新兴媒体融合发展,是传统媒体顺应发展新态势、加快改革发展的现实需要。以习近平同志为核心的党中央高度重视媒体融合发展,中央专门印发了《关于推动传统媒体和新兴媒体融合发展的指导意见》。习近平总书记多次就推动媒体融合发展作出深刻阐述,强调融合发展的关键在于融为一体、合而为一。习近平总书记的重要论述为媒体融合指明了方向。

传统媒体固有的信息传播方式已被互联网所颠覆,国有企业的新闻宣传必须朝着媒体融合方向发展,要运用好媒体融合优势,加强传播力、强化引导力、增强凝聚力,切实为企业发展凝聚强大力量,营造主流氛围。

二、融媒体发展所带来的挑战与应对策略

(一)走向融合的挑战

在"互联网+"时代,企业必须适应变化了的环境,新闻宣传必须迎头赶上新形势,对宣传工作的组织、结构等多个领域要进行转型和变革,因此必然会面临诸多挑战。

一是理念落后和传统思维惯性大。相比专业的媒体宣传机构,国有企业受传统思维影响大,感知慢,宣传战场仍为传统媒体,新媒体推进慢。由于企业刚开始对新媒体认识不足,认为《移动之窗》《上海移动通信》等传统媒体形式受领导重视和员工欢迎,依然还是企业的主流声音。企业新闻从业人员注重制作每月四期的电视节目和关注楼宇、饭厅等几个热点传播地点,难以割舍每月两期的纸媒出版发行情结,把企业网站、微信公众号等新媒体作为传

统媒体的辅助工具来使用,所以仍存在传统业务和新媒体业务互相孤立、各自为政的局面,两者缺乏沟通,媒体融合度不够。

二是在新形势下,人才缺乏。上海移动是综合通信服务运营商,企业中的宣传骨干大都是从原来的业务岗位转型而来,专职宣传工作人员数量较少,他们开始都主要从事传统媒体的宣传工作,对传统电视、报纸等媒体的宣传驾轻就熟,对传统媒体的流程制作、编辑和出版充满情感依赖,因为对新媒体传播技术不了解,所以感到畏惧。企业缺乏媒体复合型人才,更缺乏具有互联网思维的媒体人才和操盘手。

(二)走向媒体融合的策略

在"互联网+"时代,创新才能创造生命力,创新意味着变化万千,创新意味着推陈出新。企业新闻宣传同样也必须创新,要深刻认识到必须及时调整宣传策略,走媒体融合之路,加强传播力、强化引导力、增强凝聚力,为企业营造良好的内外舆论环境。具体措施如下:

一是用新技术提升效果。现代科学技术彻底改变了人们的生活,在移动互联网时代,人们获取信息的方式发生了巨大的变化,传统形式的宣传教育对人们的吸引力正在减弱,而新的技术和手段正在被越来越多的人接受。这就要求我们紧跟时代,充分利用新技术,不断优化宣传效果。企业要培养"众筹""众包""众创"等移动互联网新思维,发挥移动互联网的专业优势,调动员工力量,集群发展,集体发声,扩大受众面,比如,上海移动运用互联网技术在企业办公信息化系统(OA)中嵌入了《移动之窗》视频播放和《上海移动通信》电子版,使员工能够随时随地获取信息;开通了企业微信公众号,设立"防诈骗""教你一招""行业前瞻"等固定板块,每天推送图文信息,吸引企业内外粉丝;开设了微博,平均每周推送消息40余条,粉丝数突破30万,话题总阅读量达15万/周。融媒体宣传受到公司工会、团委及基层分公司欢迎。在公司主导下,运用微信、微博等新媒体平台,开辟"小主资讯""小主分享""移动你的嘴角"等固定话题,受到粉丝欢迎。创建"幸福1+1"APP客户端,形成线上、线下交互全覆盖的立体格局,成为企业各文体团队和各级工会文体活动的线上载体,APP客户端的安装率也达到了90%以上,深受职工的喜爱和好评,荣获企业最佳推广价值成果奖。

二是互为整合,互为利用。积极推进传统媒体与新媒体融合,继续巩固传统媒体的权威性以及挖掘深度报道的优势,同时用好新媒体的特点,把传统媒体与新媒体的优势发挥到极致,使单一媒体的竞争力变为多媒体共同的竞争力。企业要打造"双微"与传统新闻宣传渠道相结合的新模式,促进传统媒体如电视栏目、纸媒板块、话题设置等更具多样性、丰富性、生动性、可看性。新媒体"两微"既设有咨询栏目,比如"小主资讯""小主分享"等,也有"两学一做""爱岗敬业""合规守法"等党建、廉政、普法主题类等知识竞答活动,参与率高达100%。电视和报纸同时跟进,也参与对活动的报道和跟踪采访。在抗战胜利70周年时,新老媒体共同策划抗战老兵专访等主题宣传,反响热烈,在《上海移动通信》和《移动之窗》同步发表系列评论员文章,媒体融合联动,整合资源,扩大传播的深度与广度。把报纸、电视、互联网的优势进行整合,全面升级报纸、电视、互联网的宣传宣传功能、手段,提高其价值。

三是搭建平台,共享资源。搭建宣传平台,首先要打通融合,把传统媒体与新媒体融合发展的要求进行整合,通过基因重组、模式更新和流程再造,形成新型的新闻宣传采编体系。设立"中央厨房"集中指挥、采编调度,开设"宣传中心"公共邮箱,统一报送渠道,提高各部门投稿的规范性、便利性,加强内外宣传的整合力度,实现"一次采集,多种生成,多元传播",进一步提升新闻整合能力。

上述策略提高了媒体传播的快捷性和时效性,使企业新闻宣传的内容更加贴近生活与时代,进而提升传播效率,还能不断丰富企业新闻宣传的内容,使之更加贴近职工,更容易被受众接受。此外,上海移动还在不断更新企业新闻宣传的理念和方法,从而激发企业新闻宣传的活力,提升实际效果。

三、融媒体带来的变化和成效

(一)企业新闻宣传的变化

经过几年的媒体融合实践,企业的新闻宣传工作取得了实实在在的可喜变化。

一是融媒体成为企业新闻宣传的新阵地。融媒体的迅猛发展和广泛运用,拓宽了人们的视野和信息渠道,丰富了宣传内容和人们的精神文化生活。企业通过线下、线上活动和传统媒体、新媒体宣传矩阵,拓展出传播新阵地,在新阵地"两微"上开辟"一线心声""微创新""幸福1+1""最美移动人""企业文化示范点巡展""月读与阅读"等新专栏,展现一线员工的工作风貌与思想心声。工会充分使用飞信、微博、微信、展览、讲座等多元化的宣传手段,向全公司讲述"上海工匠"氶涌的故事,展示劳模形象,引领"劳动最光荣、劳动最崇高、劳动最伟大、劳动最美丽"的社会风尚。团委开设的微信公众号"中国移动上海公司团委"栏目清晰、内容丰富,吸引了约7800个粉丝进行关注,该微信公众号获得了2015年度"上海共青团新媒体工作优秀集体"、2016年度"上海共青团十大微信号"等称号。这些新阵地将同一专题进行多维度宣传,做到宣传声量最大化。

二是融媒体成为企业引导舆论的新渠道。企业新闻宣传就是要树德育人和聚焦社会主义核心价值体系、企业核心价值观和企业发展战略,精心策划,选树典型,传播文明,引领风尚,鼓舞士气,营造良好的内部舆论氛围。中国移动通信集团有限公司上海分公司现有员工6000多人,"80、90后"员工占71.53%,大专及以上学历的员工占比超过90%,员工队伍呈现出年轻化、专业化、知识化的特点。基于企业青年员工多、学历高,喜欢使用新媒体的特点,上海移动主动策划话题,提高宣传力度。应用"双微"多次开展话题性宣传,如"聚份额提升,促转型升级",该话题为推动上海移动转型发展和实施"大连接"战略添砖加瓦。融媒体扩展了新闻宣传的途径,拓展了通畅的信息传播新渠道。

三是融媒体拉近了企业和员工的距离。通过集思广益,倾听员工声音,深入调研员工的传统媒体和新媒体使用反馈,进一步了解员工的需求,拓宽了企业媒体融合的新思路。员工在融媒体的世界里,善于使用有特色的新语言进行传播和交流。员工具有强烈的自我表达和善于创新的特点,而新媒体的出现恰好满足了年轻员工的表达需求。微信公众号"和工社"是企业又一个主要的宣传平台,是沟通职工的主要窗口,承载着工会政策的宣贯解读、信息资源的分享沟通、生活百科的交流学习等功能,现已成为职工24小时在线的"掌上职工之家"。该平台包含"我爱我家""我的风采"和"我的工惠"三大板块,其中,"我的风采"板块中包括线上活动组织、健康知识宣传等内容,为职工搭建展示才华的舞台,帮助职工成长。"和工社"成为党联系群众的渠道,关注人数达8399人,是弘扬网上主旋律、传播网络正能量的有效载体,增强了职工的获得感,拉进了企业和员工的距离。

四是融媒体增强了企业和员工的融合性和互动性。坚持深度融合,利用融媒体的强大功能与员工进行有效互动,用员工的话讲员工关心的事,反映员工生活的酸甜苦辣,提高新闻报道的针对性和感染力,用媒体融合方式开展系列主题活动。2016年,企业从"最美文化故事分享会"中所征集的300多个文化故事中层层筛选出15个优秀故事,通过微信公众号集中推送,线下组织表现形式多元的分享会,既实现了点对点的主体与客体之间的交流,也实现了点对多、多对多的主客体之间的沟通,提高了宣传工作的融合性和互动性。融媒体丰富、新颖的特征为企业的宣传工作带来了变化。

(二)融媒体提升了新闻宣传的成效

近几年,新老媒体融合发展,使企业的新闻宣传工作上了一个台阶,推动了企业"两个文明"建设的发展。上海移动不仅荣获中国移动集团新闻宣传工作先进单位称号、《移周刊》最佳稿件奖、通信产业优秀新闻传播组织奖、通信产业优秀新闻传播工作者奖、上海广播电视台颁发的通联工作先进集体称号和优秀特约记者奖等,还先后获得全国文明单位、全国五一劳动奖状、全国企业文化示范基地等荣誉,客户的满意度和忠诚度保持行业领先的水平。

新闻宣传的主要成效表现在如下几个方面:

一是放大了企业的正面声量,营造了良好的舆论氛围。舆论导向具有很大的影响,正确地利用舆论导向能大大增强企业新闻宣传的说服力。近年来,上海移动的新闻宣传聚焦企业中心工作,重点围绕4G发展、提速降费、"大连接"、客户服务和企业社会责任五大专题,系统策划相关议题,顺应市场发展要求,加强内外宣传联动,营造有利的外部市场舆论环境,同时为企业深化转型与创新突破提供良好的内部环境和精神动力。

二是提高了宣传工作的时效性。因为融媒体无时间、空间的限制,所以媒介与受众之间的沟通速度加快了。近几年,上海移动运用微信、微博的实时传播、快速更新的功能,开展了提速降费、防网络诈骗、VoLTE试商用、3·15服务、"4G破千万"、高温通信保障、"绿色上海和你一起"等十余项专项宣传活动,通过OA网站、电视、报纸等平台进行及时的正能量传播,效果明显,企业美誉度和业务量都有所提高。

三是打造企业全媒型人才和平台。企业走媒体融合之路需要全媒型人才的支持,所以坚持以人为本,培养全媒型人才特别重要。有了全媒型人才,才会有优质内容；有了优质内容，才能聚集用户。上海移动在招募、培养专业人才时，同时成立新媒体分会，为企业宣传工作储备力量。三次新媒体职工招募后，职工已达80余人，有望组成第二支宣传队伍。

上海移动积极探索媒体融合发展条件下吸引人才的有效办法，营造出干实事的良好环境，努力培养政治素养更强、新媒体技术更好的新媒体宣传工作队伍，为媒体融合发展提供有力的人才保障。

虽然上海移动在媒体融合上做了有益探索，并已迈出坚实的一步，但也存在以下几个方面的问题：一是媒体深度融合不够，各部门时有各自为政的情况；二是受新媒体冲击，内部传统宣传载体面临严峻的挑战，时效性与互动性的缺失导致员工融入感不强，较难引发共鸣；三是公司内部存在账号较多、矩阵管理缺乏整体性、不同部门投入资源差距较大等问题；四是内部宣传中，员工的参与度及互动性不高；五是运营商正面宣传的社会接收程度日益下降；六是新媒体队伍建设程度不高，新媒体、自媒体的舆论管控和整合的力度不够。

企业融媒体宣传已成为大势所趋，企业要切实用制度来巩固和强化已经形成的良好的融媒体宣传工作环境。今后，企业的新闻宣传工作要学习和贯彻党的十九大和十九届中央历次全会精神，坚持以习近平新时代中国特色社会主义思想为指导，"坚持正确舆论导向，高度重视传播手段建设和创新，提高新闻舆论传播力、引导力、影响力、公信力"。企业新闻宣传工作要牢牢把握上海科创中心及智慧城市建设契机，紧抓战略发展机遇，加快数字化创新的步伐，为推动信息消费与数字经济发展、助推经济转型升级提供有力的支撑。

第四章
融媒体
中心实战

从"相加"到"相融",着力打造新型主流媒体。习近平总书记对媒体融合工作的指示正在一步步变成现实。

近年来,我国媒体融合工作逐步推进,取得了一系列阶段性的成果。中央和省级媒体的融媒体中心逐渐完善并进行常态化运营,比如,上海广播电视台融媒体中心、浙江广播电视集团中国蓝融媒体中心、山东广播电视台融媒体资讯中心、江苏广播电视总台融媒体新闻中心、北京广播电视台融媒体中心、河南大象融媒体"新闻岛"等融媒体阵地正在发挥功效。然而,将不同类型的媒体机构、不同的内容生产平台进行合并,并非真正意义上的媒体融合;全媒体技术平台也并非真正意义上的融媒体。目前,各地都在尝试进行融媒体建设,不少地方的实践却仅限于机构合并、技术平台升级等表层的融合,在下一步的工作推进中显得较为迷茫。

就当下而言,建设融媒体中心,关键在一个"融"字,融媒体"融"的是内在基因而非皮囊,融合的目的是建立一套全新的媒体传播系统,对原有的生产关系进行重构。通过对体制机制、内容生产、媒体资源、技术支撑、人才队伍建设等方面的调整,实现全媒体运作、全终端覆盖、全方位服务,有效整合各种媒介资源、生产要素,实现信息内容、技术应用、平台终端、管理手段的共融互通,将媒体的传播力无限扩大,充分发挥服务功能,催生融合质变,放大一体效能,力争实现优势互补,产生聚合共振效应。

如何实现流程优化、平台再造、体系重塑?如何实现机构和人员的"融"、传播方式的"融"和内部管理的"融"?怎么留住优秀人才?在融媒体中心建设"试水"后,这些"成长的烦恼"亟待处理,要想从根本上解决事业单位在党政宣传工作中的诸多问题,从而推动融媒体中心落地,必须在以下六个方面发力。

第一节　重建管理架构

一、建立融媒体中心的意义

融媒体中心的建设与管理顺应了社会发展的实际需求，是新时期社会发展的产物。近年来，国家非常重视融媒体中心的建设与管理工作。融媒体中心有利于加强各个地区的文化建设，有效地实现了信息共享，已经成为政府相关部门与人民群众进行有效沟通的桥梁之一。加强融媒体中心的建设与管理工作，并将智能化科学信息技术有效地融入其中，通过融媒体信息共享平台将媒体资源进行有效整合，并充分发挥信息资源的优势，逐步体现新媒体的时效性，保证融媒体中心的发展满足社会主义现代化建设的需要。同时，融媒体中心的建设与管理工作可以满足不同社会群体的实际需要，通过融媒体的信息宣传方式，在一定程度上提高了新媒体的竞争力，有效地加强了各个地区之间的联系，在实现经济效益增长的同时，也提高了社会影响力，有利于为社会提供全方位的公共服务，逐步实现政府治理能力的智能化发展。

二、融媒体中心建设的目标

如今，融媒体中心成为推进媒体深度融合的标准配置和龙头工程。机关事业单位都应当从国家战略高度和在国内媒体传播体系建设的层面上理解融媒体建设的思路、方向和目标，而不是简单地将融媒体建设理解为整合现有的媒体资源。就当下而言，机关事业单位融媒体中心的建设必须从调整体制机制入手，建立一套适合融媒体发展的管理体系和内容传播体系，通过打造复合型人才队伍，将机制和技术的优势最大化地发挥出来，用人才带动整个融媒体传播平台良性运转，实现传播效果最大化。

在融媒体中心的建设中，要坚持新闻宣传的主阵地，借助融媒体的力量放大主流媒体的声音，同时发挥资源优势，重点实施"新闻＋政务＋服务"的商业模式。在新闻传播的基础上，充分开发政务公开、民生互动、网络问政、社会服务及电子商务等多重功能，做到传播及互动内容的"融"，将舆论引导与意识形态管理、政务信息公开、社会治理和智慧民生服务融为一体，进一步巩固宣传阵地，形成域内传播的绝对优势，实现由单纯的新闻宣传向公共服务领域的延伸拓展。市场化运营的因素也应更多地引入融媒体中心的建设，通过调整市场运营机制，充分释放内部活力，借助内容质量的提升和传播能力、服务能力的加强，实现经济效益最大化，真正实现新型主流媒体发展的战略目标。

三、完善融媒体中心建设与管理

体制机制障碍是融媒体中心建设的根本性问题。机关事业单位要充分释放体制机制的活力，为融媒体中心建设提供有效保障，既要坚持党对媒体的全面领导，又要坚持管放结合，推动媒介要素在融媒体中心自由流动与组合，提高宣传管理体系运行的规范性和有效性，支撑"大宣传"格局的建立。因此，重建组织架构是建立融媒体中心的主要任务。

（一）组织方式：从大工业时代的树状结构向万物互联的网状结构转变

在过去的绝大部分时间里，传统媒体的组织架构一直在延续和实践工业时代的管理哲学，特点是标准化、流水线作业、控制型、专业型的工作方式，与之相伴的是科层制、树状化的组织管理体系。组织内部通过树状架构实现职能分工，考核KPI，通过流程监管进行控制。

稳定的组织结构、有效的分工，带来了传统媒体过去几十年里的高效率和高执行力。不管是完全实行垂直化管理的直线制，还是交叉管理的职能制，媒体都进行过尝试。与此同时，媒体也患上了大公司的种种弊病：组织臃肿、层级复杂、条块分割、反应迟钝。

尽管如此,这种组织架构非常稳定且影响深远,导致部分传统媒体负责人在设置组织时产生了惯性思维,只能把精力放在采编合一或是采编分离的调整上,以至于后来在融媒体中心设置媒体组织时,居然还在内部分设报纸部、电视部、广播部,各行其是,"融媒体"徒有其名。

在没有新媒体的时候,媒体一直纠结于采编合一还是采编分离。采访与编辑部门分立,有可能导致互相指责与扯皮推诿的局面;采编合一,设立时政、民生、文化、经济等部门,又容易画地为牢,自说自话。在发展新媒体的过程中,树状架构的弊端愈发严重,不少媒体目前采取的做法是,原来的采编部门予以保留,继续按以往做法进行纸质报纸或电视、广播节目的内容生产,再设立一个新媒体部门,负责传统媒体之外的新闻网站及"两微一端"的内容发布。用形式上分裂、孤立的组织,承担实质上的融合重任。在前期探索阶段,不打破原有体系,有可以理解之处,但越来越多的媒体在难以彻底摆脱原有纸质报纸或广电采编系统的情况下,只能在新媒体部门中逐步增加采访人员,导致两套体系并行运作,与中央要求的媒体融合方向背道而驰。

目前,很多媒体实行的"中央厨房"式采编系统已经开始打破内部的界限与束缚。上海报业集团走在了全国前列,率先探索"一体化发展的机制体制",《解放日报》孵化出"上海观察",《东方早报》孵化出"澎湃新闻",内部体制完全打通,如"上海观察"和"澎湃新闻"的内设栏目由一个个小组负责,实行一套人马、两头供稿、报网资源共享的策略,各编辑队伍独立运作,满足不同载体的呈现需求,三班倒24小时运作,实现快速传播。通过集中的云端支撑和发布体系,在物理层面和运作层面彻底将纵向控制转向横向协同,其背后的逻辑是适应以变化为特征的需求,传统的职能型组织结构因此瓦解,全新的过程型组织结构开始形成。

机关事业单位融媒体中心的组织结构要围绕工作流程来建立,而不是围绕部门职能来建立,所以必须最大幅度地减少纵向组织层级。只有使组织结构真正扁平化,骨干员工能够获得有效授权,团队能够实现自我管理,才能真正体现以用户为中心的互联网思维导向,围绕用户需求,组织工作流程,建立互通有无、灵活多变的横向联系。

近年来,《瑞安日报》的探索初见成效,其模式可概括为"一中心+四平台+两翼支撑"。"一中心"即基于"新闻+服务"的区域城市互联网枢纽型融媒体中心,这是核心战略定位。"四平台"是指以本土新闻和智慧资讯为核心的信息服务主平台、以网络问政和智慧行政为核心的政务服务主平台、以消费电商和智慧社区为核心的生活服务主平台、以众创空间和特色小镇为核心的产业服务主平台。以此为基础,成立时政、专题、社区、经济、产业五大中心。从组织架构来讲,取消报社原有的媒体产品分头管理、内部割裂的模式,不再限定哪个部室做报纸、哪个部室做网站、哪个部室做移动端新媒体产品,而是针对分众化用户重新设置部门,并要求在传统纸媒、新媒体和运营推广等方面融合发展,实现三位一体、同步推进。内部推行内容生产栏目制和产业拓展项目制等孵化体系,推行创新项目自主申报制,每年一轮,能者上,庸者下。"两翼"中的"第一翼"是技术支撑,新媒体中心整体转型为技术研发、运营支持部门,为媒体自身的新媒体发展及用户的需求提供解决方案;"第二翼"是文创服务,整合策划、设计人员,成立品牌创意部,提供专业级的文创产业项目规划、品牌策划及落地服务。

这些部门介于独立与合作之间,视项目需求而定,随时间而变,边界消失了,结成网状,你中有我,我中有你。也许,这将成为机关事业单位融媒体中心未来组织关系的主流形态。

(二)管理模式:从集权化的控制型体系向授权化的赋能型体系转变

为什么有的媒体会"一管就死、一放就乱"?因为自上而下的纵向控制型组织方式、金字塔式的层级结构已不能适应现代社会的要求。媒体虽然号称已经实行企业化管理,但骨子里一直是机关事业单位属性。不少报社因人员身份不同而待遇大异,让一线聘用员工如何不寒心?大量的员工在这样的组织体系当中只能按部就班地遵循流程、服从组织,创造力很容易被淹没。机关事业单位的新闻宣传部门中的管理和人员问题更加突出。

最近十余年,许多媒体所采用的事业部制管理模式是具有历史价值的,但是很多媒体只学到了"形",没有学到"神",只能称为模拟事业部。

现代组织的事业部概念在1924年由美国通用汽车公司总裁斯隆提出,这是一种高度集权下的分权管理体制,按产品或用户划分部门,实行自主经营和独立核算。这就是今天诸多媒体内设机构的由来,内容板块设置时政、经济、社会、教育等部门,经营板块成立汽车事业部、金融事业部、房产事业部等等,但是,在设立事业部之前有几个问题:事业部如何划分?事业部负责哪些工作？事业部之间如何协作？

如果把内容生产和经营业务都视为产品的话，从理论上讲，从产品的设计、原料采购、成本核算、产品制造，一直到产品销售，均由事业部负责，并实行单独核算、独立运营，总部只保留人事决策、预算控制和监督大权，并通过社会效益和经济效益等指标对事业部进行考核。与此对照，媒体的事业部其实是在跛脚而行，甚至只是业务部而已。

日本稻盛和夫的阿米巴经营模式曾经风靡一时，该模式是对事业部制的升级。阿米巴经营模式主要包括三个方面：一是分出更多的责任团体与市场挂钩；二是培养更多的具有专业能力的人才和独当一面的管理者；三是实现全员参与，让他们及时、准确地掌握组织状况，包括经济状况。阿米巴经营模式有助于调动员工的积极性，能让更多的年轻人脱颖而出，对于当下的传统媒体来讲非常有价值。毕竟，"90后"才是移动互联网的"原住民"。

目前，互联网企业中流行的产品经理制也开始被引入媒体。以前的管理模式归根结底是行政化管控，下级服从上级，少数服从多数，而在互联网企业中备受推崇的是，当产品经理负责产品的研发及运营时，其权限会高过比他行政级别高的人。虚化行政级别，不论资排辈，是这个管理模式的精髓所在。记者、编辑转型为产品经理后，从只负责生产内容到成为除生产内容外，还要参与技术叠加、运营传播、流量变现的"自媒体人"。

集权控制转变为分权创新是一大突破，机关事业单位中的融媒体应该转变为赋能型组织：削减命令链，成员的等级秩序降到最低点，拥有无限的控制跨度，把领导从管控者转变为服务者，把各种综合职能部门从管理部门转变为服务部门，使组织主体成为获得授权的工作团队。

近年来，《瑞安日报》推行人力资源P/M序列改革及二级考核模式。首先，逐步弱化"官本位"思想，实行专业技术序列和管理序列并行发展的模式，鼓励员工走专业化发展道路。其次，真正实行"管理人员竞争上岗，普通员工双向选择"的策略，项目管理者通过BP路演、全员投票及领导评估等公开竞聘程序上任，团队成员由其自主双向选择。根据目标核定全年经费后，如何使用经费由团队负责人决定。虽然发展目标已定，但发展路径可以中途自行调整。

《瑞安日报》的新媒体技术团队在组建之初，就以互联网环境中面向市场的创业团队自居,不简单停留在媒体自身融合的需求上,不完全听命于报社领导的研发指令,而是面向市场与用户,寻求空白点和突破口。三四年来,该创业团队在研究"互联网+媒体"的同时,还将自身积累的技术、经验运用于"互联网+政府""互联网+产业"等方向。该创业团队除了为报社研发新闻客户端"无线瑞安"等技术产品外,还探索出了一条媒体融合与智慧政务互融共进的新路,通过为"智慧政务服务"提供技术支撑和内容代维,开发了如全媒体网络问政平台、瑞安交警自助移车、智慧会议系统等大量软件,并承揽了当地大部分政府部门的政务微信、政务门户网站的内容代运营、线上推广及软件开发等业务。这个团队不仅不需要报社"输血",每年还能上缴利润。更关键的是,该创业团队通过深度切入服务型政府的互联网化转型工作,将大量数据连接到"无线瑞安"APP客户端上,完成了"新闻+服务"的移动端城市综合入口功能布局,为《瑞安日报》成为智慧城市运营者奠定了坚实的数据基础。

品牌创意部通过较强的规划及设计能力,为《瑞安日报》的文化产业园区的运营提供了开疆辟土的利器,用4年时间做到管理运营5个文创园区(合计12万平方米)。在改造文创园区的过程中,团队拓展了设计、施工、展览等业务,瑞安日报有限公司因此获得"中国展览展示设计50强"的称号,由瑞安日报社负责策划、设计的中国非公企业党建始源馆的建筑面积达2500平方米,获得"设计影响中国——2017—2018年度十佳精品案例奖",在媒体圈内均系首次获奖的奖项。

媒体组织的管理环境正在发生巨大的变化,管理变革成为大势所趋。机关事业单位媒体部的管理者关注的不再是如何"控制"员工,而是如何激发员工的创造力和工作热情。推动内部控制中的赋能授权,建立一套全面的支持机制,将成为组织获得竞争优势的关键。

(三)生产方式:从权威式线性新闻内容生产向以用户为中心的、对话式的新闻生产模式转变

在当前的融媒体时代背景下,信息传播可以通过网络实现,新闻在网络上的传播速度远远快于在传统媒体上的传播速度。虽然传统媒体自身具有较强的权威性,但新媒体可以从不同的角度对问题进行分析,吸引受众注意,并逐渐提升自身的影响力,因此传统的内容生产方式迫切需要转型,机关事

业单位媒体部必须进行合理的创新,从整体上进行优化完善,以适应时代的发展。

首先是以互动为目标的生产理念之变。互联网时代不存在单一的受众。一方面,用户要求媒体生产的新闻产品在质量和数量层面上都要达到高水准;另一方面,用户希望自己也能参与进来,既做信息的消费者,也做信息的生产者和传播者。

2014年11月,网易的动态新闻专题《习近平、奥巴马是这样夜游中南海的,你们感受一下》在微信朋友圈里刷屏。这个H5新闻专题采用的是交互游戏的形式,画面背景是一张中南海的三维地图,地图上可以看到习近平和奥巴马的头像,参与者可以通过点击路线中的蓝色节点来追踪两人头像移动情况,了解他们去了哪些地方、做了哪些事以及说了什么话。在地图这样一个可视化的背景中,直观地了解习近平和奥巴马夜游中南海的经过。

网易是首家用H5互动新闻形式报道两国领导人会谈的媒体,它确确实实成功了,而成功的关键就在于它的创新理念和思维方法——通过规模性策划,为用户提供参与式体验,从而强化自己的新闻品牌。

在新媒体实战中,除了参与式体验,体现互动的最典型手段就是UGC内容生产模式,也就是用户生产内容。在这一模式下,新闻平台可以和用户实现双向互动,用户也可以参与到新闻产品的生产中来,比如,很多报纸都开通了官方微博,网友对微博内容的关注、转发或评论,都可以为设计新闻产品提供依据,甚至其本身就构成了新闻产品。

不少新闻平台鼓励用户提供新闻线索,设置原创新闻板块,从而形成受众主导的内容生产模式。总的说来,机关事业单位媒体部要坚持以互动为目标的生产理念,通过平台建设增强与用户的深度互动,满足用户的信息需求、互动需求和表达需求,实现资源的聚合和价值的创造。

其次是以场景为核心的生产模式之变。有学者将今天备受关注的"用户"称为"新闻使用者",并认为新闻使用者的量级、兴趣、聚合与分化的方式、获取新闻的行为等都在发生质的变化,新闻生产者的当务之急是将新闻使用者放在日常生活和社会情景中重新审视和理解。

作为新闻使用者来说,他们是主动意义上的新闻生产者,选择阅读和分享一条新闻的标准与传统的新闻生产者可能截然不同。新闻使用者传播新闻并不基于传统概念上的新闻重要性、显著性和接近性,而是因为这条新闻符合他们在某个时段的社交需求,或者他们刚好有与新闻内容相似的经历。由此看来,无论是对于内容媒体还是对于服务媒体来说,"场景化"都将成为一个新的核心特征。

不仅如此,在移动互联网时代,被激活的个体正逐渐成为社会传播的主体,传播格局发生了颠覆性的变化。传统媒体面临渠道失灵的困境,而要摆脱这一困境,"关系"和"场景"这两个要素是不可或缺的。

与PC时代的互联网传播相比,移动互联网时代的场景意义大大加强。以商业应用为例,不少平台基于地理位置进行信息推送。在新闻类应用中,这一思路也逐渐清晰起来。从推送的视角来看,不仅新闻内容要与场景相匹配,新闻形式也要与特定场景下的阅读需求相适应。

近段时间,虚拟现实技术(VR)火热起来。除了用于商业推广,也有一些媒体将其运用到新闻叙事中来。英国《卫报》制作的《6x9:身临其境体验单独监禁》利用VR和音频技术,基于对当事人的采访,让受众"亲身"体验单独监禁的场景,并设身处地地思考囚犯的处境。可以看出,这部新闻短片让受众置身媒体所打造的特殊场景中,借助特殊的技术手段来呈现新闻故事,激发了受众观看和分享的积极性。

机关事业单位的融媒体中心如何与真实场景、虚拟场景更好地结合,也是未来在设计移动媒体产品和生产内容时要思考的问题。

第二节 关注八项变革

一、互联网思维

在互联网时代,信息的丰富度较之前大大提高,信息的流动速度也随之加快,这直接导致了信息来源和信息量越来越多,通过信息垄断和信息不对称来获取利润的媒体机构越来越能感受到互联网所带来的冲击。

显然,在媒体融合的过程中,思维在前,技术在后。这个"思维"就是互联网思维。事实上,不只是传统媒体面临着互联网所带来的新挑战,各种商业形态甚至政府也在揣摩着这个词语所带来的深刻变化。所谓"互联网+",就是以互联网为信息平台,运用各类通信技术,将互联网这个工具与各种传统行业联合起来,构建新的生态环境。"互联网+"以大数据、云计算等技术为基础支撑,从技术、平台、渠道等方面改革整个传媒业,给传统媒体带来一场裂变式的革新。"互联网+"思维是时代的新思维,它不仅是一种工具和传播渠道,更是对传统媒体的结构方式进行再造的载体,传统媒体要融合发展,就要用互联网思维来重新构建自己。

互联网思维是以用户价值为导向,去适应数字化、网络化时代受众体验、习惯、偏好的变化,而不是简单地理解为某个网站、某个互联网企业的思维。互联网思维的特点如下:一是用户至上,将服务对象看成用户,把用户购买服务和产品当作服务的开始,与他们建立并保持长期而良好的关系,同时考虑为没有购买服务和产品的用户提供一些服务;二是注重用户体验,从用户的角度来审视产品和流程,对细节进行修改,将服务优化到极致,不仅要让用户感知到服务的价值,而且要超出用户的预期;三是免费,为用户提供免费的互联网服务和产品体验,让用户形成"消费依赖",然后进行口碑营销,形生"粉丝经济"。在互联网思维下形成的以用户价值为导向的理念,与产品价值导向有着很大的区别。以用户价值为导向是以用户需求为核心,注重用户体验,购买产品仅仅是服务的开始,随后利用所掌握的用户多维属性进行追踪服务,让用户享受到多层面的服务权益;而以产品价值为导向往往是以提供完善的产品为最终目标,以用户购买产品为成功的标志,交易完成即宣告服务的结束。以网络媒体和移动互联网为代表的新媒体以更好的用户体验、更快的传播速度迅速分流了传统媒体的用户、骨干人才,极大地动摇了传统媒体的根基。新媒体对传统媒体有致命的威胁。在互联网时代,传统媒体的服务对象发生了变化,由等待信息内容且面孔模糊的"大众"变成热爱表达、愿意互动、因兴趣而聚集又很快分散的"用户",他们不仅愿意消费内容,而且愿意生产内容。这彻底改变了传统媒体的内容生产方式和经营模式,颠覆了传统媒体的传播方式。互联网上大量的免费信息在一定程度上削弱了传统媒体在内容上的权威性,传统媒体以产品价值为导向的思维模式已经不能满足互联网发展的需要。传统媒体发挥报道深入、分析透彻、内容精准的优势并与新媒体进行融合已成为发展的必然趋势。

互联网思维会让组织系统变得更加扁平化,让媒体机构能更好地贴近用户,甚至能够更好地了解用户需求,而不仅仅是把产品放到互联网上那么简单。媒体要最大限度地调动用户的积极性,让每一个用户都愿意参与到产品的生产、设计和传播中去,这也是媒体融合的关键所在。

二、去中心化组织

从组织管理学的角度来看,平台是一个介于市场与企业之间的中间性组织,也可以将其看作介于组织和个体之间的组织。

时代已然发生变化,组织的边界越来越模糊。一方面,没有人知道媒体的边界到底在哪里;另一方面,以后也许没有人愿意被固化在传统的雇佣关系中,尤其是传统媒体所急需的互联网人才。互联网时代让跨越边界的大规模协作成为可能。一方面,媒体内部的合作变得普遍化;另一方面,与外部的合作方式也被颠覆。

未来,个人与组织之间不再是服从与被服从的关系,而是一种"共生＋共赢"的关系,组织必须去关心个体及其价值的实现。此时的组织管理面临着巨大挑战,原来为绩效、稳定、成本、效率而作出的分工与安排,在现在反而抑制了发展。

未来的组织将有两种属性:一是平台属性,员工与组织之间不再是服从与被服从的关系,这意味着要改变原有的组织管理惯性,改变沟通方式,让每一个个体都可以享用平台资源,获得全面的信息,确保平等交流和沟通;二是开放属性,互联网赋予每一个个体前所未有的能力,为了顺应个体实现自身价值的趋势,组织必须开放,在互联网时代,组织要变成一个有机的生态圈,就像张瑞敏说的:"每个人都是一个节点,每个节点都能实现互通互联。"当个人介入以任务为中心、以流程为驱动的临时性组织中去时,即不同程度的"后台标准化、柔性化"与不同程度的"前台个性化、自主化"之间进行组合,其介入特征表现为分布式、自动、自发、自治等。

未来的创新不再由组织自上而下推进,而是由无数创业者和专业人士自下而上开辟。组织依托特定平台,调动全社会的创新激情,激活人才、资本、信息、技术等创新要素,形成共同目标,进行多方位交流。平台化协作将有效发挥创新对拉动发展的乘数效应。组织和个体之间甚至可能不再是雇佣与被雇佣的关系,而是一种平等的合作关系。这种组织架构叫"泛合伙人制度"。由于传统的组织系统已无法顺应互联网时代融媒体中心对创新的要求,要占领互联网舆论阵地、重塑媒体盈利新模式,推动融媒体中心的良性发展,只能以平台连接、组合式创新的方式,柔性化地展开各种社会化协作。

三、强化公共服务职能

作为社会公共服务政策的具体执行者,机关事业单位的特殊性质决定了其功能的服务性和公益性。机关事业单位给群众提供的核心产品就是"为人民服务",这就要求机关事业单位的融媒体中心积极运用政务新媒体来传播党和政府的声音,以"新闻＋服务"为理念,整合资源,将融媒体中心打造成集新闻宣传、资讯服务、民生服务、政务办理为一体的融媒体综合服务平台,重塑新闻传播模式。

充分利用融媒体中心的优势,做好基层群众的思想工作,将镜头对准群众,把话筒交给百姓,以移动端为着力点,强化公共服务职能,实践"新闻+N"模式,逐步创新智慧平台,围绕利企便民聚合办事入口、优化用户体验,推动更多事项"掌上办"。立足工作职责,重点推动与群众日常生产、生活密切相关的民生事项向新媒体延伸。着力做好办事入口的汇聚整合和优化,统筹推进新媒体与线下的数据互联共享,简化操作环节,为公众提供优质、便捷的办事指引,实现数据同源、服务同根、一次认证、一网通办。

做大、做强正面宣传,巩固、拓展主流舆论阵地,加强政民互动,创新社会治理,突出民生事项,优化公共服务,深入推进决策公开、执行公开、管理公开、服务公开、结果公开。注重运用生动活泼、通俗易懂的语言以及图表图解、音频视频等公众喜闻乐见的形式,优化新闻的呈现效果。

四、新闻传播自动化流程

推动机关事业单位的融媒体中心向全媒体方向转型发展,打造全媒体智慧采、编、发数据平台,建立"中央厨房"式的全媒体指挥中心,整合采、编、播力量,重构采、编、播流程,推进新闻从业人员将采、编、播等多技能融为一体和融媒体中心将内容、技术、渠道、平台、管理等多要素融为一体,打造"一次采集、多种产品、全媒体传播"的格局。

五、聚合传播渠道

把分立的发布终端整合起来,打造一个集官方网站、微信公众号、微博、抖音、报纸、移动客户端等传统媒体新兴媒体为一体的矩阵化媒体平台。树立移动优先的理念,抢占移动数字化端口,逐步形成新闻内容由融媒体统筹、新媒体首发、全媒体跟进的全方位立体化的传播模式。新闻"大餐"从采、编到发不隔夜,实现生产布局的合理化与传播渠道全能化。

六、文案立体化

融媒体中心的落成要求多维地展示新闻内容、用全新的视角传递信息。改变传统媒体单一的产品形式,以全息化的视觉呈现方式来传递内容。目前,人们可以通过多种途径、形式来获取信息,因此,在采编内容、制作栏目时需要赋予内容相应的声音、画面和活动影像等多种传播形态,将文案立体化,从多个角度展示新闻内容,形成适合移动互联网传播的内容,满足用户获取信息的需求。

七、建立科学的数据评价制度

在融媒体中心的建设中,建立健全的数据评价制度对扭转传播内容良莠不齐、传播效果无法判断的局面来说是很有必要的。宣传工作作为机关事业单位工作的重要组成部分,已成为衡量机关事业单位工作实效的重要标尺。宣传工作目前主要以官网、官方微博、微信公众号等新媒体的传播影响力来衡量与考核,由上级主管部门、第三方评估公司等设计评价与指标体系,评估指标主要有"清博指数"发布的 WCI,"微言教育"采用的 BCI、WCI 等。

用数据说话,对文稿进行数据统计、评分,并且根据栏目、时间、评分等级等进行综合分析,自动生成相应报表;对音视频进行分栏目、时间、评分等的综合分析,自动生成相应报表;对通讯员的总计供稿量、供稿采用数量进行统计分析,自动生成相应报表;对活动主要负责人、其他参与人、举办时间、参与人数、活动效果进行统计,自动生成相应报表;对已发布的文稿进行传播跟踪分析,对阅读量、评论数、转发数、点赞数等进行综合评分统计,自动生成相应报表。综合统计媒体的活跃度、传播度、互动数等传播力指标。

通过数据评价,建立内部内容互通、外部内容互补的运营机制,以结果为导向改变传统媒体封闭的内容生产方式。通过对已传播议题的调查分析,得到用户对议题的重视程度数据,并进行分析,再根据议题的重视程度拓展原有议题,产生新的议题,通过深度采访、点评和讨论,引出其他相关的内容和话题,并产生新的报道内容,满足用户的需求,吸引用户的关注。

八、机制就是运营发动机

机关事业单位的传统媒体部门在发展过程中主要受到自身体制机制和传播方式的影响,难以为受众提供良好的实时性服务,因此很难吸引受众并满足他们的需求。媒体融合发展中的体制机制创新,既是与政策相关,也与实践相关。政策作为一种社会治理工具,决定着公共资源的配置。媒体融合越向前推进,越需要加大改革力度,这就要求提高政策的可行性和预见性。当前,人类社会已经进入移动互联网时代,随着5G、人工智能、可穿戴设备等技术的进步,移动媒体必将进入加速发展的新阶段。利用政策引导媒体的融合发展,指引体制机制的创新方向,要顺应移动化大趋势,增强移动优先意识,实施移动优先战略。除此之外,在媒体融合发展中,国家需要一大批新型的主流媒体在实践中大胆探索,担负起新闻舆论工作的职责和使命。要实现这样的发展目标,机关事业单位的融媒体中心就必须在实践中不断创新体制机制,将社会效益放在首位,并合理统筹社会效益与经济效益,达到既叫好又叫座的效果。机关事业单位媒体部要以融媒体平台为媒介,进行高速的信息传播,构建完善的网络传播体系,改变传统的传播方式,优化各个环节,为受众提供个性化服务,同时发挥传统媒体的权威性优势,以此提升自己在融媒体时代的竞争力,实现可持续发展。

第三节 警惕五点风险

一、权力过度集中

目前,我国的机关事业单位有政事关系混乱、缺乏约束机制等缺点。由于进行了资源融合,以前各自为政的媒体部门、采编部门被整合成了一个融媒体中心。"中央厨房"式的运营模式要求融媒体中心的总负责人必须统领中心的一切事务,很容易导致权力过于集中。个体经验的局限性容易导致一人独断,在关键事务上造成判断失误的严重后果。

融媒体中心落成后,要尽量去中心化管理,领导要由决策者转变为服务者,确保中心工作运行通畅。

二、旧瓶装老酒

任何仅限于机构整合、技术设备更新,在生产传播流程上"貌合神离"的融合都只是"伪融合",这种做法不仅不能增强媒体的传播力,还是烧钱的花架子。机关事业单位的融媒体中心提供办事服务,应依托本地区、本部门已有的办事系统或服务平台,避免重复建设,防止形成新的信息孤岛和数据壁垒。

三、再"打太极"

机关事业单位的性质导致某些部门经常会相互"踢皮球",工作效率大大降低,新闻的时效性不能得到保障。在互联网时代,融媒体中心应该明确责任归属,减少无用、无效沟通,提高办事效率,推动融媒体中心的良性发展。

四、"三流的业余选手"

融媒体中心新闻产品的策划、采集、生产和传播,需要更多采、写、编、导全能型的人才。一方面,新闻从业者如果故步自封,只熟悉部分业务,容易与生产环节严重脱节;另一方面,很多新媒体传播者并不像传统媒体记者那样具有很高的职业素养,也没有受过相关职业规范的严格约束和监管,因此很容易走进"流量至上"的误区,严重损害机关事业单位的声誉和形象。

五、指挥棒拿反了

融媒体中心赋予机关事业单位的媒体部门更大的权力。融媒体中心如果拿反了指挥棒,就会让群众产生错误的认知,造成严重后果,因此必须正确发挥融媒体中心的引领作用。拿对指挥棒,做好风向标,在媒体大潮中树立正确的方向,是机关事业单位融媒体中心不可推卸的责任。

第四节　善用媒体工具

一、渠道媒体的意义

在市场营销学中,"渠道"专指商品流通路线。《马克思主义辞典》对"商品流通渠道"的注解是"商品从生产领域到达消费领域所经过的通道或网络"。

延伸到传媒产业,作为产品的新闻要被消费者接收到,同样必须经过一定的通道、端口和网络,这些介质共同构成了新闻产品的流通渠道。如果从新闻的本质——信息——来看,《新闻传播百科全书》中"传播渠道"的解释即"信息从传播者到受传者所要经过的途径,传播活动的要素之一"。无论是将新闻视为产品还是信息,新闻传播领域的渠道概念的核心在于输送内容、联结内容生产者和接收者。传统的报纸、杂志、广播、电视等大众媒介,新兴的手机、平板电脑、VR眼镜等移动智能终端以及社区阅报栏、LED电子阅报屏、地铁广告专列等户外媒介都属于渠道的范畴。

优质的内容是媒体的制胜法宝。面对铺天盖地、扑面而来的信息,要把重点放在怎样把内容快速传递给受众以及怎样使受众有良好的用户体验上去。这就需要媒体根据受众的需求,不断开拓新的平台和渠道,实现传播覆盖的最大化,增强传播力、影响力。根据新闻的不同,应该使用合适的报道方式,为不同的传播渠道提供信息。传播渠道的开发既能够扩大传播范围,也能够在竞争激烈的市场环境中扩大外延,赢取资金,以此支持媒体更好地发展。新媒体极速传播的特点是它在传播过程中强势地占有一席之地的重要支撑。通过融媒体的技术手段,整合多种媒体形式,在多个平台进行内容分享可以覆盖更多的用户,并大幅度提升资源的利用效率,从而得到更优质的传播效果和更高的经济效益。

二、关注视频自媒体渠道

视频自媒体通过视频增加曝光度,拓展渠道,利用微信、微博等社交媒体平台获取用户流量,再通过社群运营,将粉丝转化为生产者,推动更专业的内容生产,从而实现目标受众的精准定位和内容的精准投放。视频自媒体正不断向各行各业延伸,已涉猎垂直细分领域,并将继续在垂直领域深耕细作。社群向文化产业、大数据、金融等产业的拓展促使产业间的融合进一步加深,推进社群经济所涉及的领域向项目孵化、众筹、众包、大数据挖掘与应用、信息对接等多维度延伸,进而提升了视频自媒体的营销深度,为媒介与平台的发展赋予了新的驱动力。

目前,视频自媒体通过媒介围绕用户的需求提供信息、在线教育等服务,在注重与用户进行互动的同时,打造场景化的服务。未来的自媒体,尤其是视频自媒体将围绕用户各阶段的需求来提供具有针对性、个性化的服务方案,结合未来智媒的VR、AR等一系列智能技术,为用户提供更加贴近生活场景与产品使用场景的服务,这不仅是视频自媒体的进一步探索,更是视频自媒体的创新突破口。机关事业单位的融媒体中心应该充分利用视频自媒体和受众之间基于场景的关系,增强用户黏性,持续进行场景沟通,进而构建视频自媒体与受众的共同平台,发挥平台优势。

三、渠道媒体与传统媒体的互补

在渠道媒体产生之前,传统媒体与群众互动的方式只有两种:热线电话和群众来信。有了自媒体之后,传统媒体利用官方微博可以迅速、方便地与广大网友交流、互动。同时,由于有了自媒体这个媒介,群众参与传统媒体讨论的热情与积极性也大涨。在此形势下,传统媒体的编辑和记者的理念也发生了很大的变化,他们越来越意识到,谁能更好地运用自媒体,让自媒体为自己的节目服务,谁就真正找准了传统媒体发展的方向。比如,中央电视台《新闻联播》的结束语"获取新闻资讯,您还可以关注我们的微博、微信和客户端"充分说明:如今的传统媒体十分重视渠道媒体,将其看作与受众建立密切联系以及收集群众反馈信息的不可或缺的新工具、新手段。再比如,《人民日报》《南京日报》的很多报道加上了"网友吐槽""网友声音"等小栏目,借以把网友发在微博上的相关看法刊登出来。不光是日常性报道,在诸如十九大报道、两会报道等重大新闻事件报道中,微博互动也成为各传统媒体的报道策划中不可缺少的内容。由此可见,"自由媒体只有与渠道媒体更好地融合,才有更广阔的发展空间"这一理念已深植于传统媒体的从业者心中。传统媒体人从未像今天这样重视自媒体新技术,因为如果只停留在与渠道媒体浅层次融合的层面上,是无法满足公众日益增长的信息互动、交流表达的需求的。事实证明,在网络技术革新方面,凡是理念转变彻底、步子迈得早且大的传统媒体,都能更好地跟上网络时代的发展步伐,比如,从2013年以来,《人民日报》数字版的每一条新闻都设置成类似微博的模式,网友可像微博评论一样,随时对新闻内容发表自己的看法。

随着新媒体的崛起,在传统媒体的受众群体中,年轻人所占的比例不断下降,这是因为传统媒体的官方属性和正统面孔往往让求新、求变的年轻人望而却步。面对这一严峻局面,传统媒体采取的应对方法之一是在颇受年轻人青睐的自媒体上做文章,如《南京日报》和《北京日报》的网闻版、网事版经常刊登、转发来自猫扑贴贴、新浪微博、百度贴吧等的照片、文章,这些都是传统媒体对自媒体信息所含价值予以充分认可的明证。由于这些新闻内容贴近年轻人的生活,迎合了他们的喜好,所以很受欢迎。人们从传统媒体身上看到了些许民间色彩,在一定程度上增加了年轻人对传统媒体的亲近感。这些自媒体信息的语言风格有别于一般的新闻稿,更追求不落窠臼的风采,语调也更轻松、诙谐,更对年轻人的胃口。现在,渠道媒体已被公认为是让某个单位或个人提升影响力的有效工具,所以,传统媒体可通过渠道媒体的平台,建立自己的官方微博,用以推介本媒体记者所采写的优秀稿件,或以"微评论"的方式,对大家关注的热点事件进行报道,久而久之,就能拥有庞大的粉丝群。换而言之,传统媒体通过自媒体能有效扩大自己的受众群体,提高受关注度。中国社科院在《中国新媒体发展报告(2013)》中提出:"微博'国家队'异军突起,人民日报、新华社、中央电视台等中央媒体齐发力,在微博舆论场尝试主导'微话语权'。"可见,借助渠道媒体,传统媒体已成功实现了品牌影响力的提升以及舆论引导力向自媒体的辐射。

因为自媒体传播者不像传统媒体记者那样具有很高的职业素养,也不像记者那样受到相关职业规范的严格约束和监管,所以他们所传播的信息有时真假难辨。《中国新媒体发展报告(2018)》指出,以2017年1月至2018年1月的100个微博热点舆情案例为研究对象,"谣言的比例超过1/3",谣言已成为自媒体在发展过程中难以克服的顽疾。虽然消灭自媒体谣言的根本方法是完善相关法律体系、提高自媒体信息传播者的素质,但这些是长效机制,短期内难以见效,遏制自媒体谣言立竿见影的办法就是传统媒体介入。传统媒体通过及时、深入、扎实、专业的采访和报道,还原事件真相,粉碎谣言。在自媒体时代,传统媒体作为权威而且可靠的信源,其影响依然深远。

传统媒体还能扩大自媒体信息的传播效应。虽然自媒体能突破时空限制,发布信息更加便捷、快速,但一条信息如果只在自媒体上传播,而没有受到传统媒体的关注、跟进,其反响必然是有限的。备受关注的2018年微博反腐事件,虽然最初都是爆料人在自媒体上爆出猛料,但随后无一例外都是经传统媒体大规模、连续、深入报道后,才广受关注的,而且爆料者选择在微博上发信息,就是为了在抛出"重磅炸弹"后,能引起传统媒体的注意,利用传统媒体强大的公信力、影响力,迅速扩大信息的传播效应。另外,传统媒体还能深入挖掘和充分突显自媒体信息的新闻价值。比如,2013年6月13日,一名江西女孩被竹签扎伤眼睛,需要去上海医治。为了让她尽快到达上海,家人发了一条求助微博。之后,江西、上海两地的交通电台、微博网友、警方纷纷向小女孩伸出了援手。这件事经《新闻联播》《东方新闻》等播出后,变成了一个传递社会正能量的新闻。该新闻虽然最先是在微博上发布,并在渠道媒体上传播的,但其所包含的社会价值、新闻价值都是经传统媒体大力传播后才更好地体现出来的。

四、各种媒体渠道

(一)官网门户

作为政府履行公共服务职能的重要机构,机关事业单位推动了社会事业的不断发展,是极具中国特色的部门,在推动经济发展、提高人民生活质量、推进社会进步等方面发挥着积极的作用。

机关事业单位主要具有服务性、公益性、知识密集性等特征,这些特征决定了机关事业单位的门户官网具有无可替代的权威意义。如今的机关事业单位的网站大多存在着更新频率低、内容不丰富的问题。机关事业单位的融媒体中心应当此重视这一问题:如果利用好门户官网,宣传效果就可以得到极大程度地提升。宣传部门可采取以下措施：配备专门的工作人员，随时更新新闻报道，充分发挥新闻的时效性；根据网站信息容量大的特点，多上传一些新闻及宣传图片，使网站内容更丰富；开设多个专栏，吸引更多的职工参与互动，提高网站的关注度和浏览频率，充分发挥网络独特的宣传作用；加强内部网络的建设，在向职工传达有效信息的同时，培养职工关注机关事业单位发展的好习惯。

在融媒体时代，机关事业单位应充分利用官方网站的权威性、公开性等特点，做好内宣、外宣，既要讲好党言党语，又要讲好民言民语，做好融媒体中心的第一张名片。

（二）微信公众号

微信公众号已迅速成长为一个影响力巨大的平台。在融媒体时代，如何运用好新平台、新技术，掌握微信公众平台的特性，提高新闻舆论的传播力、引导力、影响力、公信力和实现良好的新闻传播效果成为机关事业单位在做信息传播工作时要考虑的重要问题。

目前，机关事业单位的公众号类型主要有政务类微信公众号、高校类微信公众号、媒体类微信公众号等。经过近年来的运营发展，各微信公众号虽然发展水平不一，但也逐渐形成了自己的风格和特点。根据清博大数据WCI的数据显示，在政务类微信公众号中，"共青团中央"的影响度和活跃度最高；高校类微信公众号由于高校本身具有很强的创造力，语言活泼、有趣，宣传效果很好；"人民日报"和"环球时报"强势领跑媒体类微信公众号，成为引导社会舆论的重要力量。

机关事业单位的融媒体中心应结合新媒体的传播特点和实际情况，以及公众号所呈现出的垂直化、分层化、专业化运营的发展趋势，借鉴部分优质公众号的运营方法，有效提升公众号的传播力。

1. 定位清楚、准确，坚持正确的舆论导向

新媒体平台是做好党的新闻舆论工作的重要渠道，应坚持正确的舆论导向和政治方向。传播的定位要根据机关事业单位的性质而定，忌定位模糊，否则舆论引导乏力。各机关事业单位都有内部沟通渠道，对外基本使用"两微一端"，应在对各宣传平台进行综合分析后，找准公众号的定位。新媒体平台对内部职工而言，应起到传达信息和凝聚共识的作用；对外部大众而言，则是了解单位形象的窗口。有了正确的定位，编辑才能更好地扮演"把关人"的

角色,逐渐形成自己的风格。同时,政务类新媒体可根据实际需要,增加服务功能,丰富界面。机关事业单位的融媒体中心应借力微信公众平台,实现新闻媒体的融合发展,发挥好微信公众号和纸媒、官网各自的优势。

2. 重视版面语言,发挥新媒体优势

随着信息承载媒介的变化,版面语言的表达方式也有所不同。微信公众号基于手机页面的显示特点,相对于传统媒体而言,其版面语言更为独特,也更加丰富,因此编辑面临着更大的挑战。微信公众号的文体形态倾向于视听化,编排更加灵活,素材更多,选择范围更广,表达也更加形象、生动、全面。为符合定位和适应快餐式的碎片化阅读需求,版面应重视视觉化转化,版面的结构布局、文章的字数、标题的长度与吸引力等都会影响阅读和传播效果。

3. 增强内容性思维,提高吸引力和参与性

"内容为王"依然是新媒体传播的第一准则,要注重生产原创内容,避免报道同质化。在内容的挖掘上,应注重提高新闻的重要性、贴近性、趣味性和知识性。定期发布相关行业资讯和知识,挖掘行业内的亮点,改变只靠通讯员提供稿子的模式,沉下心,多下基层,贴近目标群体,主动发现新闻,讲受众爱听的故事,比如,新华社微信公众号的重要特征就是温情的话语模式和从大众视角讲故事。浙江大学等高校的微信公众号从目标用户的生活出发,打造特色栏目,亮点突出,互动性强,文章阅读量高。

4. 加强策划,引导议程设置

注重新媒体环境下的议程设置与舆情引导,多运用议程设置功能提高新闻策划效果。除了关注、参与公共议题,更要主动设置议题,突出主流价值观导向。比如,高校公众号要把握高校意识形态话语权,在潜移默化之中使主流意识形态的传播深入人心。新闻媒体公众号对热点新闻事件应通过深入调查,立足权威信息和正确的立场进行舆论引导,在内容选题上强调媒体的专业性,加强对各类事件的预测和把握。其他机关事业单位要把新闻工作融入业务工作,同谋划,同部署,同落实,建立与重要媒体的合作机制,除了定期向社会通报政策措施、重点工作和成果成效,梳理年度主要的新闻活动安排,还要提前策划相关议题和内容,根据进度进行持续的传播和氛围的营造,增进社会各界对其工作的理解和支持。

(三)虚拟展会

如今"互联网+"的时代已经到来,会展和虚拟现实技术一直被行业所关

注。当前,受新冠肺炎疫情的影响,线下展会被迫按下"暂停键",这或许是会展业全面发展的最佳时机,线上展会将为会展业带来更多的可能。会展业和互联网之间是一种竞争与合作的关系,互联网有着人脉广泛、不受场地限制、不限人数和商品数量、没有时间约束等优点,会展则是通过让买家看到实物,提供面对面交流的时间和场地,提高交易的成功率。

当下,各种线上会展是会展电子商务形态的主要形式,即利用网络技术手段在互联网上举行会议或展览会,是传统会展利用网络和电子手段的互联网线上表现。线上会展突破了现场会展的时间、空间的局限性,被誉为"永不落幕的会展",推动了会展商业思维的革新和模式的价值重构。

线上会展与线下实物展相比,具有成本低、效率高、展出空间无限、规模不受场地限制、展出时间长、观众面广泛、贸易机会增多、反馈及时、统计和评估电子化等优势。在线上会展中,可以利用互联网搜集观众和客户资料,对来访客户和观众进行统计和分析;在线上会展后,可以通过对数据的分类与建立数据画像库,并利用数字营销技术进一步提升转化的效能。

线上会展提高了会展信息的交流速度,拓宽了会展信息交流的广度,降低了会展的成本,提高了会展活动的工作效率,增强了会展活动的经济效益,加强了会展业的协调管理,促进了会展业的全球化发展。

线上虚拟会展一方面整合了网络的高效性、普及性、虚拟性的特点和信息集散功能,另一方面,它还具有虚拟现实等新兴技术对虚拟实物的高感知性,既有传统实物会展的信息集散功能,又能突破时空、成本、精力和资源的限制。线上虚拟会展不但能够扩大会展活动的覆盖面,还能降低会展成本,提高办展效率,是对传统会展的创新,也是对当下线上会展的突破。线上虚拟会展建立在数字技术及电脑模拟场景设计的基础之上,有着精彩的视觉效果、良好的互动效应、沉浸式的用户操作体验,这些是线上虚拟会展区别于传统会展和当下线上会展的地方。

(四)直播

自2020年新冠疫情暴发以来,因居家隔离政策,线上办公、云端直播、短视频等网络新媒体形式被越来越多的人利用起来,逐渐成为疫情期间人们工作、娱乐的新方式。在疫情防控已进入常态化的阶段,很多人对短视频和直播产生了一定的依赖。作为一种新媒体形态,直播逐渐与其他形式融合,成为互联网媒介形式强有力的流量源和赋能者,它还打破了行业圈层,应用场景变得越来越广泛,成为表达社会情感的重要形式,拓展了文化传播的渠道。

融媒体之所以受到大众的欢迎,是因为它将广播、电视、报纸等进行集成,利用它们的优点,弥补它们的缺陷,是在真正意义上实现了"资源同享、内容融合、宣传共生、利益共融"的现代化媒体。此外,融媒体更加理想化、人性化、创新化、科学化,与新媒体不同,它学会了取长补短,既不放弃传统媒体的优势,又比传统媒体更加快速、便捷。所谓人性化,是因为对于满足需求来说,融媒体可谓是人性化的最佳代表,任何年龄阶段的人都可以适应它。5G的出现,让融媒体的发展更加快速,为创新传播方式提供了条件,因其具有时效性和趣味性的特点,所以人们对于直播的报道形式很感兴趣。因此,5G时代的到来,必定会推动直播的转型发展,使融媒体的发展更加多元化。各大机关事业单位也开始尝试探索新型的新闻宣传工作模式,比如利用直播来开展工作。未来,5G、大数据、云计算、区块链等技术不断发展,直播成本越来越低,传播效率越来越高,机关事业单位在未来工作中对于直播的利用也必将成为常态,因此建立一个完整的工作机制就显得至关重要。

作为一种媒介手段,直播有以下优势:第一,非常符合年轻人的审美,短视频和直播之所以能够引起年轻人的注意,是因为它们一改传统媒体的宣教式口吻,以娱乐化、趣味化、创新化的方式迅速拉近了创作者和观看者的距离;其次,移动直播在近几年应用得越来越广泛,最成功的案例就是2019年的阅兵仪式。2019年的阅兵仪式上采用了移动直播的手段,让观众大饱眼福,全面直播了隆重的阅兵仪式,其中,女兵阵容英姿飒爽的气概令人深受震撼,体现了"女儿当自强"的新时代理念。另外,记者也加入阅兵队伍,为全方位的直播提供了保证。

根据中国互联网络信息中心(CNNIC)发布的第49次《中国互联网络发展状况统计报告》,截至2021年12月,我国网民规模为10.32亿,互联网普及率达73.0%。在网民当中,"80后""90后"和"00后"占比最大,他们也是现在和未来机关事业单位宣传服务的主要对象。

直播传播非常高效。在生活节奏非常快的现代社会,越来越多的人已经没有耐心去阅读图文。直播相较于文字、声音、图像等,有自身独特的传播优势,其内容的生动性、直观性及丰富程度是文字等所没有的,适应当前的社会节奏。从深层次来说,直播是互联网技术发展的必然产物,5G取代4G成为主流,网速的提升和智能设备的发展助力了直播的大规模应用,降低了直播的内容输出门槛。直播是谁都可以发布内容的泛媒体,非常贴近基层职工工作和学习的特点。

直播形式多样化,可打破行业界限。直播内容形式的多样化,与机关事业单位的宣传工作完美契合,可以充分发挥内部宣传的功能,比如,可以通过直播的形式宣传劳模精神、助推企业经营、维护职工权益、关爱职工等等。直播的内容也要更加重视年轻群体的喜好,比如生活化的Vlog、满足观众猎奇心理的职工工作日常、职工技术绝活展示等。另外,很多机关事业单位还开通了直播普法通道,以直播的方式科普劳动法等基本法律知识,为职工的权益保驾护航,各种文体活动也都是采取全程直播和短视频的形式进行宣传。

随着直播在机关事业单位的宣传工作中被越来越广泛地应用,相关从业人员必须改变工作方式。

第一,要树立直播思维。首先,对于图文创作者来说,其惯性思维是将内容表达得完整、清晰,这样很容易使宣传内容变成长篇大论。直播则不同,它包含很多要素。直播思维就是要让文字变成影像,让图片有声音,让文章封面图变成视频封面图。在具体的内容创作中,要把握三个核心要素:内容要是原创的、开头3秒钟要吸引人、要有互动空间。在原创内容上,要利用基层员工、基层故事、基层环境,参考好的创意策划,学会蹭热点、贴热门标签;在开头3秒钟吸引人上,要做到差异化,给人以视觉冲击,提供福利和奖励等等,这都是"黄金3秒钟"吸引用户的技巧;在互动空间上,就是要留下参与、评论、转发和联想的空间,不要做教条式的内容,吸引用户和提高直播的完播率,从而收获好评。除此之外,要选择合适的平台。可在抖音号、快手等多平台发布内容,同时利用宣传部门的外部和内部资源进行联动,促进转发、点赞、留言,在短时间内快速积累用户。最后,要了解一个重要的直播推送概念,那便是算法机制。短视频直播的高效传播,依赖的就是平台的算法机制,比如,快手的算法推荐机制以人为主,目的是让更多的人所发布的短视频有曝光的机会,而抖音则以内容为主,是把大量的流量集中到用户喜欢看的内容上,用户越喜欢看哪类短视频,哪类短视频的流量就越大。了解不同平台的算法机制,能对内容生产有一定的帮助。

第二,机关事业单位的宣传部门要充分调动全体职工的积极性。培养短视频直播思维需要领导带头,建议领导下载短视频平台APP并多多浏览。宣传部门也要充分调动自身的资源,定期邀请专业人员组织短视频直播内容制作培训。此外,要鼓励各级部门开通账号,设立监管机制,开放一定的管理员权限,让更多工作的精彩场景通过短视频或者直播的方式传播开来。

第三,鼓励创新。无论是在图文时代还是短视频时代,内容创新都值得重视。尽管很多机关事业单位在不断尝试新内容,但它们所采取的往往是"小步慢跑"的模式,在接触到某个新鲜事物后,往往陷入既想突破自我,又怕偏离传统的矛盾之中,结果导致一次次地错失机会。在短视频时代,注意节奏、符合单位职工年龄、知识结构特点的发展模式,往往会取得更好的效果。总之,直播"拼"到最后,"拼"的就是内容。谁能把握未来的创新风口,谁就能在未来抓住机会。

归根结底,现代媒介是技术发展的必然产物,技术升级会驱动媒介不断优化,短视频直播同样如此。在后疫情时代,直播和人们的生活之间的联系只会更加紧密,直播将在科技的加持下更好地服务于人,服务于社会。作为宣传部门,只有在现阶段转变工作思维,围绕直播建立全新的工作模式,才能在未来直播行业的蓬勃发展中抓住机会,使宣传工作的水平"更上一层楼"。

(五)短视频

在新媒体时代,媒介技术变革使得传播形式和受众的接受方式发生了重大变化。由于碎片化时间,人们形成了新的阅读习惯,各类短、平、快的信息呈现爆发式增长。短视频是指时长在5分钟以内的视频,"是一种互联网内容传播方式,依托移动终端设备为载体,通过简易、低门槛的操作步骤,结合文字、内容、音乐和视频立体化地传播内容,并可实现内容的互动和分享"。

在融媒体高速发展的过程中,短视频的内容创作者主要分为四类:普通用户(UGC)、专业用户(PUGC)、专业机构(PGC)、内容整合机构(MCN)。其中,UGC是User Generated Content的缩写,意为"用户生产内容",即用户将原创内容通过互联网平台发布或者提供给其他用户。以UGC模式为主的平台有抖音、快手、美拍、秒拍等,用户可以借助平台提供的滤镜、简化剪辑、预设音乐、特效等简洁、方便地制作短视频。用UGC模式制作的短视频可以在较短时间内带来巨大流量,形成"刷屏"等短视频效应。PGC是Professional Generated Content的英文缩写,指各类专门生产内容的互联网媒体或在平台上具有专业制作水平的自媒体用户,如爱奇艺、优酷、腾讯等视频网站以及它们旗下的专业视频生产团队,这类由专业人士拍摄、制作并传播的视频内容更为精良,通过互联网社交平台和视频APP进行传播。受到新媒体环境的影响,机关事业单位的宣传部门开始注重新媒体的作用,主动建立基于微博、微信、抖音等各类新媒体平台的新闻宣传微矩阵,一改以往官方宣传的"高冷"姿态,主动贴近受众,开启机关事业单位新闻宣传工作的新生态。短视频因受众广泛和影响力巨大而成为机关事业单位新闻宣传工作的新路径和新手段。

面对观众的多元化信息需求,机关事业单位需要转变政策宣传的方式,否则就无法进行有效传播。人们期望的政策宣传不是严肃刻板的,而是活泼可爱的。人们关注的是短小精悍的"干货"内容,而不是长篇大论的官话、套话。如果无法提供民众喜闻乐见的信息,那么就为假新闻提供了可乘之机,会导致机关事业单位不得不疲于应付各种谣言。民众对短视频的期待,催生了政务短视频官方号的开通,并适时满足了民众的信息需求,但如何处理政务本身的严肃性与短视频的娱乐性之间的矛盾一直是两者在融合发展过程中的难点。需要特别指出的是,有些政务类账号已经做了一些有益的尝试,通过搞笑的表演来警示大众,并取得了不错的传播效果,比如"@四平警示"账号策划的"谁能告诉我他用什么测的酒驾?""有没有小伙伴能看清信上写的是什么"两个项目,通过警察和两名扮演违法者的演员的无厘头演绎,告诫人们酒驾、伪造警察身份的严重后果。"@四平警示"账号发布的短视频的内容都与当下比较热门的话题相关,这些视频都获得了相当高的点赞数。

机关事业单位的融媒体中心要想在短视频上有所突破,可以从以下几点入手。

1. 深耕优质内容,突显本地场景

这是一个信息爆炸的时代,人们被各类信息环绕,但优质内容仍然是稀缺资源。在国家监管政策收紧、平台加强自身净化的情况下,机关事业单位的政务抖音号在传播正能量、引导社会主义核心价值观方面表现出相当积极的一面,但也存在着内容同质化、表面化的问题。由于地方性政务抖音号占据相当大的比例,政务短视频的内容同质化主要表现在地方账号对全国性账号内容的重复发布上。重复发布可以有一定的强调意义,但很难让用户感兴趣。政务短视频的内容表面化是指短视频只起到一定的记录作用,发布者原封不动地还原现场,简单标注基本的时间、地点、事件等信息,显得生硬、粗糙,缺乏艺术性与人文性。

因此,机关事业单位的政务短视频需要深耕细作,挖掘优质内容,加强前期的调研和策划,精准定位用户群体,了解用户的所需所求,生产出优质、有深度的视频。因为短视频以秒计时长,所以会影响内容的深入呈现,可通过策划系列微剧等方式,层层深入。由于地方性政务账号占大多数,突显本地场景和特色,为创作提供了广阔而明确的操作空间。从广义角度来看,"场景"一词可以概括人类行为发生的特定环境,包含时间、地点、人物、事件等要素;而从当下的狭义角度来看,"场景"更特指一种思维,强调覆盖用户和碎片式消费,强调以人的体验为中心,强调契合或者引领新的生活方式。除了宣传英雄人物,树立正面形象,还可以深入宣传当地的风土人情、生产生活方式,为百姓发声。

2. 提高视觉素养,优化用户体验

视觉素养是指人类除了观看以外,结合其他感官的经验,培养出的一种与视觉相关的素养。视觉素养包括视觉感受能力、视觉审美能力、视觉解读能力和视觉表达能力。视觉素养作为媒介素养的重要部分,其本身就是一种综合素质和能力。从图像过渡到影像,图像时代继续发展,短视频的快速发展标志着社交媒体从纯文本、图文并行向视频转化,从图像时代进入视觉、听觉并行的短视频时代,因此,用户对内容背后的视觉素养的要求变得更高。目前,每个机关事业单位的政务抖音号都有专人负责维护,相关工作人员应该提高自身的视觉素养,参加培训和学习。机关事业单位的政务抖音号应该起到模范带头作用。针对目前政务短视频存在的画面不清晰、镜头单一等问题,从技术的角度来看,要提高视频的制作和加工水平,遵循视听语言的传播规律,重视视觉文化传播能力的培养,善用镜头的拍摄和组合。当然,技术背后更深层次的人文素养、艺术审美能力的提高更应该受到重视。提高选题策划和脚本制作的能力,主动设置议程,策划系列微剧,借助戏剧化的手段塑造特定人物角色和设置故事结构,达到叙事目的。切忌说套话、喊口号,重蹈"新闻八股控"的覆辙,全方面优化用户的视听体验。为此,也可以借鉴非政务类抖音号的内容生产模式,由单纯的 UGC(用户生产),逐渐向 PGC(专业生产内容)、PUGC(专业用户生产内容)的内容生产模式转化。

3. 加强沟通互动,提高用户黏性

用户黏性体现了用户持续使用的意愿,对同一账户重复访问而不受外部环境以及营销策略的影响,可以看作是带有依赖心理的持续使用的行为。用户黏性反映了用户的忠诚程度,然而用户黏性的形成并非一蹴而就,也不是一成不变的。有用性、易用性、使用效果等会使用户产生不同的感受,主观上的信任度、趣味性、满意度也会影响用户的决定。目前,机关事业单位的政务抖音号在提高用户黏性方面尚有欠缺。机关事业单位融媒体中心的短视频应该利用好评论区的互动功能,主动建立与用户的联系,以获得更好的传播效果。

4. 跨平台联动,发挥矩阵合力

跨平台联动有两方面的含义,即自建平台联动和站外平台联动。自建平台联动是利用抖音,背靠今日头条,与西瓜视频、火山小视频等不同定位的短视频平台联合,形成文字、图片、视频的站内平台生态系统,从而更完整地呈现内容。抖音在早期就与今日头条打通了内容导流的通道,实现内部社交、内容生产的生态闭环,也完全采用了今日头条的算法推荐技术。机关事业单位的政务抖音号可以借鉴这样的做法。站外平台联动主要指将内容转发到网页、微信公众号、微博等外部平台,以融合之势,借力不同平台,形成共生共荣的信息生态。基于短视频的特点,对政务短视频矩阵有横向和纵向两方面的理解:从横向来看,各职能部门的政务短视频以集群的形式联合在一起,形成矩阵,通过统筹安排,打通城市信息链条,实现各部门间的协同发展,避免信息不对称的"孤岛效应",为社会提供安全可靠的信息与服务;从纵向来看,职能部门内部、全国和地方甚至个人与部门之间协同发展,协同并非重复和模仿,而是在相同职能基础上的有差异的合作。多维视角的矩阵协同式政务短视频的建设无论是从社会治理角度,还是从惠民角度来看,都有着非常积极的意义。

(六)"网红"

意见领袖,或叫舆论领袖、观点引领者,是现代传播学中的经典概念。美国著名传播学者拉扎斯菲尔德在二十世纪四十年代提出意见领袖的概念,即"在人际传播网络中经常为他人提供信息、意见、评论,对他人施加影响的活跃分子"。拉扎斯菲尔德在其"两级传播理论"中指出,大众传播并不仅是通过媒介直接将内容传播给受众,还要经过意见领袖这个中间环节。现在,人们的追捧对象不再只是明星,一个普通人也可以凭借自己的特殊才能被众人熟知,从而拥有自己的粉丝群,这群人便是新时代网络上的意见领袖,也被称作"网络红人",简称"网红"。在移动互联网时代,"网红"已成为当下流行文化不可或缺的代表,影响着数以"亿"计的网民。面对新媒体的强势冲击和受众的需求变化,机关事业单位有责任打造一批有影响力的主流"网红",在社会中发挥意见领袖的作用,从而有效地引导社会舆论。面对媒体市场的变化,机关事业单位的融媒体中心也需要在优先社会效益的前提下,积极挖掘"网红经济"的潜力,通过打造"网红"矩阵,运用多种"网红"变现模式,在社会主义核心价值观的传播过程中发挥信息流与影响流的作用,化个人意见为公共意见,实现机关事业单位的可持续性发展。

在媒介融合的背景下,受众处在多样化的信息生态之中。面对繁杂的信息流,个体容易陷入无助困顿的境地。由于个体易对权威人士产生信任与依赖的心理,所以"网红"具有引导受众在海量信息中筛选重点的作用。社会主义核心价值的传播需要利用传播规律,沿着包含有检查点即"门区"或关卡的某些渠道流动,其中"门区"或关卡就是美国心理学家库尔特·勒温所提出的"把关人"。在多样化的网络信息生态中需要意见领袖发挥把关作用,即对社会主义核心价值观议题进行聚焦。所谓的把关,就是突显与社会主义核心价值观相关的议题,过滤或屏蔽掉恶意解读的议题和观点。

1. 利用机关事业单位的"网红"来引导网络舆论

"网络传播已经成为现代社会主要的传播方式,网络舆论已经是舆论的主要组成部分,网民已经是主要的传播对象和传播的参与者",因此,网上新闻舆论已经成为宣传思想工作的重中之重。一方面,机关事业单位的宣传部门肩负着传递党和国家的声音、反映百姓心声的重任,但是在网民越来越追求互动、平等、个性化的今天,仅仅依靠主流媒体的权威性,无法使主流意识形态有效地触达众多网民;另一方面,互联网让每个人都可以成为自媒体发言人,自由地发表各种观点和想法,庞杂的自媒体信息让受众无法做出准确的判断,网民们需要具有专业背景和个性魅力的意见领袖来提供信息。在这样的背景下,具有新闻专业素养和良好品行的"网红"能够搭建机关事业单位与网民之间的桥梁,有效传递正确的声音和主流价值观。无论是《主播说联播》《王冰冰走街串巷看两会Vlog》,还是胡锡进的自媒体社评与《张扬两会Vlog》,都实现了对网络舆论的有效引导,净化了舆论环境。一方面,有机关事业单位的支持,"网红"自带权威与专业光环,通过个性化的融媒体作品,能够实现对受众的正确引导;另一方面,"网红"影响力的提高对其背后的机构也有积极的影响。

首先,表现为对主流舆论观点的强调。机关事业单位的官方主流媒体是传播社会主义核心价值观的重要力量和主要渠道。以《人民日报》为例,截至2020年12月,以社会主义核心价值观为主题的报道有109026篇。网络意见领袖甄选部分观点并转化为个体议题,并进行个性化评论,如周小平的《你的中国你的党》《我那么喜欢你,再走两万五千里去看你》等推文再次强调了将"爱国""文明"等价值观。

其次,表现为对社会热点事件的把关。如"13名科学家质疑韩春雨造假""老人跌倒扶不扶""抵制家乐福事件"等现实话题,引发"网红"对社会主义核心价值观"诚信""友善""爱国"等内容的讨论,进而强调了社会主义核心价值观的意义。

最后,表现为对网民观点的过滤。在"人人是自己的麦克风"的互联网时代,网民借助微博、微信、论坛等媒介发声,"当筛选的力量没有限制时,人们能够进一步精确地决定,什么是他们想要的,什么是他们不想要的,他们设计了一个能让他们自己选择的传播世界"。个体为避免淹没于各种声音所汇成的信息流中,就需要网络意见领袖引导,如在"罗一笑,你给我站住"事件的发酵过程中,如果没有意见领袖的筛选和把关,网民会在事件的"反转"与"再反转"中难辨是非。

2. 打造"网红",加快国际传播能力建设

西方国家不断打压中国,发动意识形态攻击,中国的国家形象被故意丑化,国外民众对中国的认识也出现了偏差。2021年5月31日,中共中央政治局就加强我国的国际传播能力建设进行了第三十次集体学习,习近平总书记强调:"讲好中国故事,传播好中国声音,展示真实、立体、全面的中国,是加强我国国际传播能力建设的重要任务。"

机关事业单位的多语种"网红"运用境外社交媒体,利用语言优势和对当地文化的了解,通过粉丝积累与好感化传播,努力塑造可信、可爱、可敬的中国形象。以中央广播电视总台希伯来语"小溪工作室"为例,2020年1月26日—3月29日,"小溪工作室"共发布53期抗疫原创视频,YouTube的覆盖量为2353.1万,独立观看量为210.5万,Facebook的覆盖量为1132万,观看量为401.5万,覆盖用户270万,这些作品让以色列民众对中国抗击疫情的实际情况有了客观的了解。中央广播电视总台老挝语"菠萝星工作室"的三位"网红"主播经常参加老挝主流媒体的节目,向老挝民众讲述中国故事、传播中国声音。

面对咄咄逼人的西方媒体,机关事业单位的"网红"敢于"亮剑",展开国际舆论斗争。2021年两会期间,新华社英语记者徐泽宇在个人Twitter账号上发布的文章以"499美元的中国警察照片"为标题,揭露了某些外媒在发表涉华报道时别有用心,该帖的浏览量超过50万,互动超过10万次,并被国内外大V转发。相比机构账号,个人"网红"更加灵活自由,外国民众也更倾向于信任意见领袖。无论是一直身处国际舆论斗争一线的刘欣、胡锡进,还是代表年轻一代的新华社记者徐泽宇、中央广播电视总台记者李菁菁等,中央媒体多语种"网红"的粉丝群体和国际影响力正在不断扩大。打造机关事业单位的多语种"网红"矩阵,是加快国际传播能力建设的有效手段。

3. 运用主流"网红"矩阵,打造机关事业单位的"网红经济"模式

新媒体的崛起对传统媒体的盈利模式产生了巨大的冲击,机关事业单位的宣传部门在这一轮冲击中迅速转型,通过融媒体改革站稳脚跟。在"网红"营销蔚然成风的今天,机关事业单位也应乘势而上,打造"网红经济"模式。"网红"的商业变现模式大体可以分为三类:一是短视频广告植入,二是"网红"直播带货,三是直播间粉丝打赏。对于机关事业单位而言,前两种商业变现模式比较有借鉴意义。中央广播电视总台从2020年至2021年尝试了多种"网红"变现模式。2020年5月,中央广播电视总台推出一场带货直播,由康辉、撒贝宁、朱广权、尼格买提担任主播,交易总额超过了5亿元人民币。中央广播电视总台还在新媒体直播和短视频中尝试植入广告,反响良好。这些尝试证明了"网红"营销的巨大潜力。人民日报社的胡锡进、新华社的张扬、中央广播电视总台的"央视boys"和王冰冰等"网红"在市场上具有强大的号召力和带货能力,但限于目前的机制和运营条件,机关事业单位的"网红"的经济价值还没有完全体现出来。为了释放"网红"的变现潜力,机关事业单位有必要成立"网红"孵化机构,为"网红"量身打造完善的发展计划。"网红"们的工作室在节目制作、项目运营和商业合作上也应该具有更多的自主权和利益分配权。

打造主流"网红"已经成为机关事业单位扩大国内舆论引导力、加快国际传播能力建设、提高经济效益的有效途径。为不断提高主流媒体对网络舆论的引导力、传播力、影响力,机关事业单位应坚持打造主流"网红"矩阵。

第五节　打造专业队伍

融媒体中心"一次采集、多种产品、多媒体传播、多终端评估"的传播格局,对从业人员的业务技能提出了更高的要求,产品的策划、采集、生产和传播需要更多"一专多能"的人。移动化、可视化和智能化的传播趋势,更离不开相应的技术保障人才。推动新时代媒体深度融合发展与人才队伍建设紧密相关,应着力建设一支既理解新闻传播规律,又熟练掌握新媒体技术,政治坚定、业务精湛、作风优良、能让党和人民放心的融媒体人才队伍。有专家认为,当前发展融媒体最需要的是以下三类人才:一是拥有前沿传媒理念的先导型人才,二是熟练掌握新媒体技术的创新型人才,三是"一专多能"的复合型人才。

机关事业单位的融媒体中心要用好存量,发展增量,结合媒体融合发展的人才需求,积极引进、培养各类急需人才,补齐专业人才短板,着力打造一支多元化的人才队伍。

一、精准增量

人才引不进、留不住、用不好是制约融媒体中心建设的关键问题,需要积极探索在新形势下招人引才、评价激励、培养管理人才的有效措施。

坚持人才配置的市场导向,让人才的评价、流动、激励都真正按照市场规律进行,真正适应市场化的需求。让有用的人进得来,进来的人用得上,优秀的人留得住,让各类人才在融媒体中心的建设、发展中充分施展才能,实现人尽其才、才尽其用、用当其时。

拓宽引才渠道。要精准施策,严把人才招聘引进关,高薪招聘和培养技术人才,把技术驱动放到媒体融合发展的首要位置,以技术形态变革带动节目生产和传播转型。拓宽引才渠道,通过多种方式引进人才,也可与周边地区、本地互联网企业合作,借力助力,以兼职、特聘、特邀等方式引进并使用好各类优秀人才。

完善薪酬体系。融媒体中心应该着力从增加收入和提高荣誉感两方面入手,增强队伍的凝聚力和归属感。要深化人事制度改革,完善用工机制和薪酬激励制度。通过推行科学合理的用人机制,激发内部活力。实施中层干部竞聘上岗,工作人员双向选择,优化人力资源配置,让优秀人才脱颖而出。创新人才管理,变身份管理为岗位管理,优化、细化考核评估,完善绩效工资分配体系和奖励政策,坚持业绩导向,薪酬向基层一线、采编队伍倾斜、关键岗位倾斜,充分激发人才的工作热情和创造力。

创新激励机制。要改革用人机制,引进急需人才,用好现有人才,培养优秀人才,把机关事业单位体制下的"养人"变为市场经济下的"养事"。引入竞争、激励和约束机制,要深化制度、完善措施,提供成长空间,搭建事业平台,最大限度地激发人才的潜能。建立与健全人才多元评价、激励机制,让优秀人才有成就、有地位、有待遇、有归属感,增强团队的凝聚力,发挥人才的内生动力。

二、赋能存量

着力优化现有的人才队伍。在机关事业单位融媒体中心的建设过程中,既要加大复合型人才的引进力度,又要加大对现有人才的提升和优化力度。

引进与培养双管齐下,为机关事业单位融媒体中心的发展提供人才支撑和智力支持。融媒体中心的健康、可持续发展,重点和难点都是建设一支高素质、专业化的融媒体人才队伍。从业人员必须适应媒体融合发展的需要,尽快进行素质结构转型与优化,实现由单一型人才向多元型、全媒型、专家型人才的转变。

增强政治意识。机关事业单位的融媒体中心是党的宣传思想工作的重要阵地,要着力提高从业人员的政治素质,努力在学懂、弄通习近平新时代中国特色社会主义思想上下功夫。坚持"党媒姓党"、导向为魂,以马克思主义新闻观为指导,强化"四个意识",增强"四个自信",做好"两个维护",始终把牢正确的政治方向、舆论导向和价值取向,做主流舆论的坚定引领者、先进文化的积极传播者、中国故事的生动讲述者、融合传播的深入实践者,切实提高机关事业单位融媒体中心的传播力、引导力、影响力、公信力。

打造人才梯队。机关事业单位融媒体中心的人才队伍建设要着力追求"四化":主业人才领先化、岗位结构多元化、从业队伍年轻化、人才梯队科学化。打造人才梯队,是实现融媒体中心可持续发展的坚实基础。融媒体中心不仅需要产品形态创新、组织结构创新、管理创新、传播手段创新,还需要互联网思维和数字技术应用作为支撑,这些是无法从既有的专业课程体系中获得的。急需的复合型人才也不是现成的,需要逐步在工作实践中培养。

促进供需平衡。要做好人才发展规划,注重整合现有的人才队伍,让专业的人做专业的事,进一步完善人力资源的优化配置,盘活人才存量。同时,通过择优引进紧缺人才、高端人才,做好增量文章,努力使专业人员结构、数量、素质更趋合理,尽可能实现供需平衡,缓解用人矛盾,努力实现人才队伍的最优化、效益的最大化。

提升"四力"水平。结合"不忘初心、牢记使命"主题教育,广泛开展增强"四力"教育工作,开展大学习、大调研、大练兵活动,通过新闻实践,不断提高融媒体中心人才队伍的脚力、眼力、脑力、笔力,切实提升团队的战斗力。进一步提高政治站位,进一步强化职责使命,进一步增强改革精神、创新意识、大局意识,推动媒体融合向纵深发展。

第六节　建立反馈机制

大部分传统媒体虽然开通了网站,有了自己的微博、微信、移动客户端,但还是以向用户单向发布信息为主,仍停留在"我播你接受"的层面上,对用户的信息需求关注不够,对用户的信息消费行为了解不深,不清楚用户在哪,不清楚用户喜欢什么信息内容,没有从用户的角度去挖掘信息,无法在数字环境下满足受众的信息需求,尚未形成新的传播模式。

实现协调与控制的手段就是反馈机制。不管是什么系统,只要是有目的的行为,都应该将其看作需要反馈的行为。系统通过反馈可以不断地从外部环境中获取信息,并且调节系统内部各要素之间的关系。机关事业单位的融媒体中心利用反馈机制,既可以保持系统内部的静态平衡,也能够维持内部与外部之间的动态关系。反馈路线是否保持畅通,会直接影响传播效果的好坏、传播机制的正常运行与否。反馈路线也会对新闻供体产生无法忽视的影响。一方面,从宏观上来讲,反馈系统影响的不只是政策的制定,还关系到国家政策的执行;另一方面,从微观上来讲,传播内容太枯燥、可阅读性低,就导致受众的需要得不到满足,促使受众远离传播供体。在这个关节点上,要是传播供体依旧不能跟上调整的步伐,那么传播活动就无法达到预期的效果。

机关事业单位融媒体中心的建立要求我们保持新媒体互动渠道畅通,听民意、聚民智、解民忧、凝民心。认真做好公众留言审看、处理、反馈工作,回复留言要依法依规、态度诚恳、严谨周到,杜绝答非所问、空洞说教。善于运用大数据、云计算、人工智能等技术,分析与研判社情民意,为机关事业单位的决策提供精准服务。

在激励机制和用户反馈机制的调控下,用户在融媒体平台上不仅可以获取信息,还可以发布信息、发表评论,并通过网络视频频道进行视频交流与讨论。媒体内容不再是一种产品,而是一种服务。用户对媒体也不再是单一的接受——用户既是信息的消费者,又是内容的生产者和提供者。

第五章
建设融媒体
宣传工作平台

第一节　宣传工作的信息化发展历程

无论是采访数字化还是智能化，机关事业单位宣传工作在信息化发展的初期还是以技术支撑为主，由于受制于网络环境、数字化采访工具、单机版应用软件系统的发展瓶颈，宣传工作的信息化虽然被广泛接受，但只是在形式上对传统的工作模式进行了外在改变。随着互联网技术的发展，宣传工作的信息化已经不再满足于用技术解决采编过程中的具体问题，而是借助新技术来更新宣传方式和传播手段，改变传播和反馈方式，从而提升传播质量，进而逐步优化宣传管理模式和专业服务模式。从2000年至今，这个发展历程主要经历了三个阶段。

第一阶段，在20世纪初，为了提高工作效率，实现工作内容数字化、流程化的目标，机关事业单位最开始围绕核心的采编工作进行投入和建设。有条件的单位采购了媒体采编与稿件管理应用系统，实现了数字化稿件录入、稿件编辑、稿件签发、稿件列表与检索等的无纸化办公，同时，以模拟信号为主的采访终端也逐步升级成数码设备，如录音笔、单反照相机、数码摄像机，方便后期的数字化编辑工作。

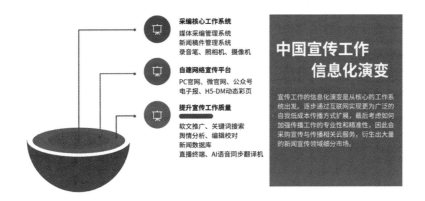

第二阶段，随着移动互联网时代的到来，电脑、手机等移动终端的普及率提高，人们的办公与阅读习惯也发生着深刻改变，新技术的进步不仅改变了传统媒体如报纸、宣传栏、广播与电视等的宣传方式，还提供了全新的宣传手段和应用工具，机关事业单位的宣传部门逐步自建了官方网站、APP、小程序、微信公众号、电子报以及H5-DM动态直投式彩页。移动互联网新技术极大地丰富了宣传工作的传播形式，降低了宣传成本，实现了与用户快速、有效的沟通。

第三阶段，互联网营销的发展进一步促进了机关事业单位互联网宣传工作质量的提升。各种各样的互联网营销服务不断涌现，比如，软文推广服务，搜索引擎提供的推广关键词、SEO优化、竞价排名等服务，实时的思政宣传舆论情况监控服务，云编辑校对服务，新闻数据库检索服务等。采访终端上增加的网络直播系统、语音实时转文字的人工智能同声传译系统，为宣传工作提供了便利。

总而言之，在机关事业单位的宣传工作信息化发展的三个阶段中，传播功能得到了加强，传播效果不断优化。

第二节　为何要建立融媒体平台？

在机关事业单位建立融媒体中心，将以宣传和传播整合为核心目标，聚合单位内所有部门的传播业务，整合所有内部自媒体、外部第三方媒体的传播渠道，让多渠道统一发声，再将内外部反馈进行融合，通过大数据监管，不断优化与提升宣传效果。在转型过程中，不仅要有相应的配套体制与机制，还要建立相关制度，才能让融媒体中心真正发挥作用。

一、引领未来：创新宣传工作模式

在机关事业单位建立融媒体中心的过程中，其宣传工作的目标、内容、传播渠道、社会环境较过去发生了显著的变化，表现为拥有了更强的社会化、网络化、智能化和个性化的特征。原有的组织模式、工作模式、协作模式、考核模式都将转型升级，信息化技术融入融媒体宣传工作后，将出现智能创新文案模式、文案多维化加工模式、多点多端聚合传播模式、大数据考核与监管模式、传播价值量化模式，从而极大降低宣传工作的复杂程度，体现融媒体平台在宣传工作中的使命及地位，起到引领宣传工作模式创新的作用。

二、体系治理：适应新的流程与工作机制

当前的机关事业单位的宣传工作处于统筹阶段，主要以官方媒体和第三方媒体发声为重点，而在组织上，通讯员和媒体管理各自为政，党政、组织、检察、纪委、工会的发声是分散的，业务发声也是分散的，存在目标不清、协同不畅、推诿扯皮、一文一责工作难以落实、工作效率低下等问题。

融媒体中心的出现,使宣传工作进入了治理阶段。由机关事业单位主要领导、所有的部门负责人与通讯员、宣传部门领导及干事共同参与"策划、采集、编辑、发布、监控、评价、优化"的宣传工作全流程,理顺职能关系,明确岗位职责,制定跨部门协作的流程与规范,聚合与优化内容,统一发声,实行透明、有力的监管,更需要建立融媒体宣传工作平台,实行可监管、可量化的宣传工作机制,促进宣传工作效率的提高。

三、能力提升:打造专业智能助理

传统的采编、宣传工作重在内容准确,而融媒体中心的采编工作重在内容融合。由各个部门的通讯员将分散的内容进行集中,这些内容包括大量的稿件、视频或直播,然后由融媒体中心进行审核。

在实际工作中,由于创新能力缺乏、专业能力不强等原因,通讯员或记者所提供的内容存在非常单一、枯燥死板、过于宏大与空洞、不接地气、与政策冲突、内容有偏差、表达手段传统与老套等问题,这些问题一直以来难以解决。

融媒体宣传工作平台具备专业智能助理能力,信息技术深度融入采编核心工作,激活了采编人员的创新能力,减轻了采编人员的负担。智能助理可以提供丰富的基础报道模板,帮助采编人员快速撰写文案,提炼创意,构思文章布局、立意与亮点,提示吸引粉丝的技巧以及自传播推广的方式,使内容更具创意性,提高内容的创作品质和精准传播能力。

另外,在采编过程中,智能助理还能够提示创作者规避宣传中的政治风险,寻找事件跨度较长的历史素材信息,并根据事件类型推荐适合发布的媒体渠道,从而减轻融媒体宣传采编人员的工作负担。

四、增强动力:新的绩效评估模式

机关事业单位宣传工作的考核方式偏向"德、能、勤、绩、廉"行为考评,而在宣传工作过程中,刷脸办事、无人办事、无钱办事、无人配合、无人协助、分配工作不到位等现象普遍存在,受机制的影响,宣传人员的积极性、主动性和创造性被打压,抱着"业务本位"的思想敷衍了事,消极应付考评,因此,"抓而不硬"的现象长期存在。

融媒体中心在改革过程中，一改过去宣传工作中的考评办法，采用岗位胜任能力的激励与绩效考核模式，而胜任能力是靠KPI数据来判定的，确保了评价机制的公平性。该激励与绩效考核模式有利于提高宣传人员工作的积极性。

　　由宣传计划完成度、文案采编与发文量、发布与响应效率构成工作量考核指标，由传播与反馈指数、宣传策划评价、报道反馈总结构成能力评价指标，两组数据形成岗位胜任能力考核模式的关键指标，为宣传管理工作提供科学、可操作性更强的考核评价依据。

　　配套单位的奖惩机制，通过融媒体平台可视化考核大数据进行实时与历史统计、对比排名、制约发展因素分析、传播效果预测，使绩效考核的结果数据化、透明化，可增强激励与绩效考核工作的约束力，更加直接地反应宣传工作的业绩与成效，为进一步优化各项宣传工作提供信息支撑。

五、防患未然：降低危机公关风险

　　在宣传工作中，一些造成负面影响的事情很受媒体关注，传播得更快，更广，其负面影响难以估计。在传统的组织保障机制下，多部门需要共同研究热点问题，在敏感问题上需要保持口径一致，还要审核背景材料并与媒体沟通、协调采访和报道工作，同时要研究与分析事件焦点和舆论动向，导致对突发事件和公共危机的处理不够及时与正确。

　　融媒体平台能够提供实时监管和读者评论反馈，方便评估与分析舆论动向，快速形成反馈舆情分析与预警报告。在预警设定条件出现时，系统会第一时间通知宣传部门和第三方媒体的管理者共同参与处置，同时，系统会对单位自媒体进行禁止访问、防转发等应急操作。

　　发布不同类型的宣传文案，都要与应急预案库中的应急处理事件相对应，准确引导媒体，全面、客观地做好突发事件报道工作的处理预案，维护好机关事业单位的公信力和形象。

六、技术升级：减负、降低复杂度

　　基于传统的信息化工作形式，采访人员需要将事件录入新闻采访库，经过采编、审核工作后，分别登录到官网、微官网、APP后台、微信公众号后台进行发布。如果事件存在问题,要删帖、禁止阅读访问,就要再次逐一登录后台,找到该事件进行操作,第三方媒体也是一样的操作方法。收集自媒体和第三方媒体的反馈数据更为烦琐,需要输入搜索词,然后下载,再用Excel进行汇总。

融媒体宣传平台将官网、微官网、APP客户端、H5等各类媒体进行整合,并对接第三方媒体采编平台、官网、小视频和直播平台,从技术层面解决多平台的问题。

在采访现场启动文字转译助手,即可使用语音云将采访语音转换成文字,同时进行智能校对,自动将文字、图片上传至融媒体宣传工作平台保存,供后期使用。采访人员还可以通过智能直播终端接入融媒体宣传工作平台,一键发布全媒体,将现场的音频、视频实况推送给自媒体官网、微官网、APP客户端、微信公众号,或者一键撤回,隐藏多维化文案,并自动发送给第三方媒体。

对于自媒体和第三方的舆情分析数据、读者评论数据,由于融媒体宣传工作平台能够跨系统实现无缝衔接,反馈数据将自动按照分/小时/天收集汇总,降低跨系统操作的复杂性,使采访、编审、舆情分析工作更为简洁,从而减轻采编人员的技术应用负担。

第三节　融媒体中心业务模型

　　融媒体宣传工作平台仅仅是一个工作平台,而不是以非线性编辑为核心的采编系统,因此,市场上现有的融媒体产品并不适合,其主要原因在于,宣传部门与媒体新闻单位在职能定位、组织架构、运营管理模式方面存在本质差别,这就造成系统间的顶层业务设计不同。系统内部的功能和流程经过业务抽象建模后,要能够确保功能可以扩展,与第三方系统要有协约,避免软件的生命周期缩短。

　　融媒体宣传工作平台对数据与信息的积累非常关键,其历史采访资料、文案库、工作记录是需要长时间积累的。一旦出现以下问题,平台的生命周期就会缩短:

- 为解决问题而进行功能堆积,应用系统或平台建设总是被业务推着走;
- 跨第三方系统或跨部门的业务流程必须经过手动处理,如果增加新的功能辅助自动化运作,就需要对信息系统进行整合,但信息系统无法整合;
- 因为没有提前规划业务流程,所以要大改系统才能够支持新业务的加入;
- 经历多次修修补补,平台已经面目全非,难以跟上业务的变化,用不了多久就不得不抛弃原有的平台,重新开发;

　　所以,需要建立融媒体中心的业务模型,描述业务的核心功能与流程、与第三方的合作契约,界定核心业务的边界,延长平台的生命周期。

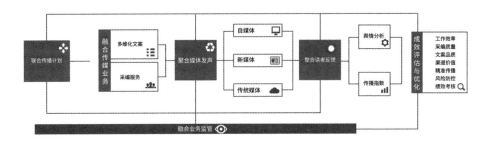

机关事业单位的融媒体中心业务模型是从以落实宣传计划为目标开始,到成效评估监管的一套完整、可循环、可持续的业务治理发展模型,其核心业务包括聚合传播计划、融合传播业务、融合媒体发声、整合读者反馈、融合业务监管、成效评估与优化六个模块。通过紧密跟踪和监测宣传预期设计目标,有效提升宣传工作的效率、采访质量、传播效能,优化传播渠道,强化精准传播能力,提升宣传风险控制能力,推动更为科学的绩效管理与考核,明确平台参与者的责任,详见下表。

级别	业务模块	说明
1	聚合传播计划	通过跟踪、贯彻上级单位的工作热点,根据领导及部门的宣传需求,制订宣传计划。
2	融合传播计划	采访内容要聚合,并经过专业的编辑,同时文案内容要基于传播途径的特点,保证传播形态的多元化。
3	融合媒体发声	将内容同时传送至新媒体、传统媒体,或者借助第三方由云服务支持的平台进行转发。
4	整合读者发声	将新媒体、传统媒体舆情的热点统一收集起来,再把篇均传播率、头条传播力、阅读量、点赞数、覆盖率等整体传播情况反馈给系统。
5	融合业务监管	将参与系统的通讯员、记者、采编人员、各级领导开展宣传工作的计划、采编、审核、校对、发布等全工作流程进行跟踪并用日志记录。
6	成效评估与优化	通过聚合计划工作数据、事件采编数据、内容发声数据、舆情反馈数据、流程监管数据,将宣传工作数据化、可视化,为宣传工作提供成效评估和优化简易工具。

这六大关键点的组合就是融媒体中心的闭环治理业务模型,业务再怎么跳,也跳不出这个圈。

第四节　融媒体宣传工作平台总体架构

一、总体架构

融媒体宣传工作平台的总体架构包含核心系统、扩展系统、传媒工具、制度与规范这四大组成部分。核心系统由用户、应用、业务库三层构成，通过集成层连接第三方插件和媒体工具，扩展平台的基础功能，提高宣传的专业管理能力，同时，配合管理制度和信息安全规范，共同组成融媒体宣传工作平台的总体架构，如下图所示。

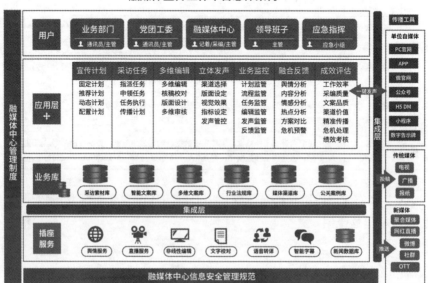

二、用户层

机关事业单位的融媒体工作平台的参与者如下表所示。

序号	所属	说明
1	业务部门	包括中心、处室、办公室等的通讯员、主管、分管负责人。
2	党团工委	上级机关的政宣工作的垂直对口单位负责人,如党委、团委、工会、纪检的主管、分管负责人。
3	融媒体中心	从事新闻采访、写作、编辑、编导、评论、制作、播出等工作的采编制播工作者; 从事传媒管理、广告制作、活动安排、发行、通联等工作的经营管理者; 从事印刷、传播技术维护等工作的技术人员及后期的保障者。
4	领导班子	单位党委、业务班子、行政班子里负责宣传审定的管理者。
5	展厅可视化	通过大屏、手机展现宣传可视化大数据,供访客参观和业务人员监管使用。

三、应用层

融媒体宣传工作平台的应用层由7个模块组成,基于融媒体中心宣传工作的业务治理模型,实现机关事业单位宣传工作的自动化与智能化,主要包括制订宣传计划、部署采访任务、汇总多维编辑工作、立体化多点发声、反馈资讯、全业务流程监管、宣传工作成效评估。

• 宣传计划:通过配置计划,即可新增、变更、暂停、结束宣传工作计划。宣传计划由三类计划构成:一是固定性工作计划,来自单位的重大事件、主题活动、营销工作、品牌及社会影响力传播活动、常规会议等宣传工作;二是由智能选题的推荐计划,如对上级单位所关注工作的追踪、相关的行业热点事件、需要澄清的事实等;三是由业务部门所提出的临时性宣传需求,即动态计划。

• 采访任务:制订宣传计划,需要确定现场采访的情况,准备稿件和宣传视频的脚本、素材等,进而通过以下两种方式布置任务。一种是主动领取任务,推动宣传工作中的计件、计分、阶梯累计等绩效激励管理,有利于工作创新;另一种是根据宣传人员的工作能力去安排难度大、要求高的任务,提升宣传业务的质量和办理效率。在完成采访任务之前,还要总结需求单位中各方的意见,拟定合适的传播建议,汇总所属行业、专业领域、覆盖群体范围、持续时间等信息,用于对发声渠道的评估与选择。

• 多维编辑:为提升传播效果,首先要对文字内容做多维化文案处理,以满足在官网、微官网、APP、微信公众号、小程序、社群、第三方媒体上同时发声的需要;其次,还要进一步做专业化的政治审查、业务脱敏、核稿校对、排版等采编处理,提前做好宣传事件的风险控制;最后,进一步明确事件预期的传播目标,提高传播的精准度。

• 立体发声:根据传播计划需求以及在采访任务中对精准传播的建议,选择单位的传统媒体或新媒体进行多点发声;再次修订精准传播预期的各项指标,如在不同媒体上传播的阅读数、点赞数、转发数、反馈预警值等;最后,对新闻事件的版面、视觉效果再次进行检查。完成以上步骤后就可以一键多点发声了。当然,立体发声模块的另一个功能就是对一键禁言、删帖、阅后即焚等手段进行管控处理。

• 反馈资讯:聚合单位的传统媒体、新媒体的读者、听众、观众的个人信息(性别、年龄、所在城市、爱好、行业等)、反馈信息(评论、点赞、调查回执等)、舆情信息(话题、热点、情感、危机)、传播信息(覆盖区域、扩散区域、观看高峰、意见领袖)等四大整体传播情况,进行全面反馈,并将数据整理、脱敏、建模,为工作人员及管理者提供数字化的宣传反馈、预警信息,为进一步形成研究、分析、舆情、行业、内参等报告提供依据。

• 业务监管:融媒体宣传工作平台对每一个宣传计划进行跟踪,对任务执行状态、编辑进展、发声程度、反馈速度等业务模块节点进行监控。如计划遇阻,平台会给相关人员发送督办、暂停或变更的提醒信息;如任务已完成,平台则会建议相关人员对工作进行小结并关闭计划,提高融媒体宣传工作的整体办事效率。

• 成效评估:通过整合业务监管及汇总反馈的业务与工作数据,构建融媒体宣传工作平台的可视化的全景视图,为宣传工作的业务决策提供重要的数据支撑。融媒体宣传工作平台能够对舆情、内容、情感、词频、传播指数、传播路径、传播渠道、工作绩效、文案等进行统计与分析,方便相关人员了解宣传工作的整体现状与制约因素,能有效提升宣传工作效率、采编质量、文案专业化品质及人员绩效的管理能力。结合工作量预测、事件跟踪、传播行为预测、传播趋势预测,能进一步提高计划保障能力、精准传播能力以及处理危机的能力。

四、业务库

业务库由六大数据库构成,包括采访素材库、智能文案库、多维文案库、行业法规库、媒体渠道库、公关案例库。这些业务库储备了大量的模版、案例、智库信息,为采编、多点发声、精准传播、危机公关等工作提供了更为专业的助理功能,帮助宣传人员提高观察力和思考力,从而更为轻松、顺利地完成各项宣传工作。

• 采访素材库:存储采访过程中产生的照片、录音、影像资料、新闻稿件等原始文件,也为采编人员提供历史采访事件查询、采访素材资料调用等服务,确保采访工作可追溯、可调用,方便宣传人员在回顾、总结历史事件时收集与整理素材。

• 智能文案库:宣传人员在编写文案时,融媒体宣传工作平台能够根据事件的行业类别、字数要求、宣传基调来匹配丰富、专业的文案以供参考,更改贴切的标题和内容后,即可轻松完成撰稿工作。

• 多维文案库:"多维"是指多点发声的传播渠道,如电脑端官网、微官网、微信公众号、小程序、APP、H5、数字告示牌等。同一事件在不同的媒体传播工具上的文案是完全不同的,机关事业单位的电脑端官网的文案一般是正式的告知,微官网的文案就要适应自传播转发的要求,而公众号文案则要满足会员交互的需求。多维文案库就是根据传播工具的不同要求,给出多维度的传播文案范例,供宣传工作人员在文案多维化的过程中使用。

• 行业法规库:在事件发布时提出观点,让用户产生共鸣是需要功底的,不是所有的宣传工作者都拥有丰富的行业经验,能够洞悉舆论趋向。宣传人员需要了解密集出台的各项改革政策、大量反腐倡廉的时政信息,面对新问题、新特征、新趋势,既要保持专业的敏感度,又要有脱敏能力,这并不好把控。智能采编助手能以文案的关键词为中心,从行业法规库中调取相应的本行业内的上级部门所出台的意见、规定、法规、时政舆论倾向等供编辑人员参考,帮助编辑人员规避在专业深度理解和舆论把控上可能出现的问题。

• 媒体渠道库:媒体渠道库存储着国内外大量的新媒体、传统媒体的单位列表,提供媒体的品牌价值、行业影响力、传播能力、版面样式与价值的参考排名。媒体渠道库中也包含单位自媒体的电脑端官网,微官网的频道、栏目,供宣传人员和管理者灵活选择发声渠道,以提高传播的精准度与扩大事件的影响力。

五、插座服务层

应用层为融媒体宣传工作平台提供了核心功能,而插座服务层则是通过多个第三方云服务和工具插件为平台提供强大的扩展支持,替代传统的烦琐的人工采编操作,丰富宣传人员的工作经验,提高相关人员的管理决策能力,让宣传工作变得更为简洁、高效、智能,从而全方位地为相关人员减负。

• 舆情服务:舆情服务连接着主流搜索引擎、社交平台、内容社区、传统媒体官网、自媒体及新媒体等门户网站,监控机关事业单位所追踪的事件与信息的变化,抓取相关信息以生成大数据分析报告,为各单位掌控行业政策动向、高层动态、政府公告及规章制度,关注品牌的口碑成长,洞察市场竞争态势以获取商机提供强大的支撑。同时,舆情服务也具有对突发性的公共危机事件进行及时提醒和预警的功能,便于宣传人员处理危机事件。融媒体宣传工作平台在插入专业的舆情服务后,可以快速汇总和反馈信息、高效生成各类可视化报告,从而提升宣传人员在传播过程中的快速反应能力。

• 直播服务:直播已经成为一种新型的宣传工具,在会议、活动、庆典、产品及服务营销、远程教学与培训中应用广泛。专业的直播服务商具备互联网、移动互联网CDN(内容分发网络)的全球覆盖能力,可以低延迟、高清晰地传输现场画面的播控信号,将直播服务集成到单位的电脑端官网、微官网、APP、OTT系统中,就能让融媒体宣传工作平台具备用户注册、点赞、打赏、点评、购买等多种功能,以便宣传人员进行观众信息采集、用户画像描述、传播效果监控,还能量化直播内容的关注度与吸引力,收集观众的评论与舆情动态,甚至能够在线下单创造营收。

• 非线性编辑:机关事业单位的运作效率越来越高,要求新闻、专题报道的制作时效短、传播速度快,以跟上业务节奏。利用工作站、移动非线性编辑制作录制节目的采编方式已得到广泛的应用。宣传工作人员导入文案,经过云端采集素材、素材及模版管理、视频剪辑、特效与字幕制作、渲染合成等环节完成成片,再将成片上传到融媒体宣传工作平台,成片经过核准即可用于媒体渠道发布。

• 文字校对:采编工作中的重要一环就是校对。目前有基于云端字处理软件的协同校对和客户端校对这两类工具,专业的校对系统能帮助修正政治用语、口号、语录、常见字词、重点词、敏感词、标点符号、行业术语等错误,并给出正确的建议,校对后的文案被上传到融媒体宣传工作平台后,经过核准即可用于媒体渠道发布。

• 语音转译:采编工作经常需要将录音转为文字,或将现场演讲实时转为文字用于直播同屏,或将中文转为多国语言。在以前,这些任务都需要人工完成。现在,随着人工智能的发展,语音转译云服务、转译客户端得到了普及,能实现实时转写翻译、在线实时编辑、远程控制录音、异地会议文字直播、多语言翻译等功能。宣传人员可以在很短的时间内得到概要或精稿。这不仅极大提高了采编的准确度与工作效率,还减少和节约了相应的岗位编制和外包成本。

- 智能字幕:视频字幕制作在过去要靠人一遍一遍地观看和收听。现在,宣传人员有了更为便捷的字幕生成云服务,只要将录制好的视频上传,就能够智能切分视频时间轴,将语音转换为字幕,通过在线编辑字幕与预览,将视频字幕导出,然后对导出的字幕进行校对或非线性编辑与加工,省掉了大量的人工干预工作,极大地加快了语音、视频的采编制作速度。

- 新闻数据库:在采访过程中,宣传人员经常需要查找历史材料,包括时事通讯以及评论信息等,不可避免地会使用到新闻数据库服务。一方面,宣传人员要将商业化的新闻数据库引入到融媒体宣传工作平台上来;另一方面,宣传人员需要根据业务部门的需要,整理并自建细分领域的事件数据库。

随着互联网和移动互联网技术的飞速发展,这类第三方插件的功能会越来越丰富,也正因为如此,插座服务的标准制定会变得更为重要。

六、媒体工具

媒体工具层是机关事业单位传播的主要渠道,是媒体融合的重要形式之一,为融媒体中心宣传工作的立体发声提供重要支撑,包含单位自媒体、传统媒体、新媒体三个重要的组成部分。

- 单位自媒体:单位自建的媒体工具,包括主动访问的电脑端官网与微官网、支持互动注册与查询功能的微信公众号、提供复杂交互功能的微信小程序、绑定客户服务的APP、用于产品传播或会议邀请的H5宣传页以及替代传统宣传栏、告示牌的数字告示牌等。与融媒体宣传工作平台相连接,可以实现一键发声、静音、删帖等功能,方便发声与跟踪管理。

- 传统媒体:在政府管控下的媒体单位,具体指广播、报纸、电视、期刊等媒体单位。融媒体宣传工作平台中的新闻内容如果要在这样的媒体渠道上发布,首先要将内容发送至对方的采编系统里,通过审核后,就可以在其官网、微官网等渠道上发布。

- 新媒体:新媒体已经渗透到人们的生活中,主要包括内容聚合、微博、短视频、直播、社群、Wiki、IM七大门类。因为新媒体聚合了大量的用户,采用商业化模式运作,所以也被称为主流自媒体。融媒体宣传工作平台可直接将内容推送至官网和客户端,通过审核后即可供用户观看,这是和传统媒体不太一样的地方。

七、集成层

集成层的设立,一方面是为了将第三方专业的宣传服务工具接入平台的应用层,另一方面是为了方便对媒体工具层进行操作。因此,集成层要考虑集成规约、集成架构与可能产生的集成风险。

- 集成规约:在跨系统与第三方平台融合的过程中,会涉及跨系统间的互信、账户互访、数据交换、服务注册声明与调用、自动化流程穿透整合的规则与契约。对云服务、移动客户端、Web系统的集成规约要提前声明,构建接入模式框架,避免在多系统融合的过程中由于周期长、技术方案多而造成系统混乱的问题。

- 集成架构:一方面,新的插座服务专业工具层出不穷,可能导致用过一段时间的工具被迭代更替;另一方面,要避免统一规范性的技术集成架构所导致的延期交付问题。有必要对集成架构做一个选择。上述需求导致采用重量级的SOA架构不合适,而近几年兴起的微服务架构可以进行尝试,其异构性、弹性、扩展性更好,简化了部署,适合持续、敏捷地响应业务发展需求,使得快速交付成为可能。

- 集成风险:通过熔接、插入、植入等集成方式,连接插座服务和媒体工具层,要尽量规避多方集成所产生的技术与业务风险,比如,系统间的信任风险、账户与数据库的信息泄露风险、单方应用服务停止导致的系统崩塌的风险。需要进一步明确融媒体中心的安全管理规范,完善相关的管理制度,加大力度构建集成技术架构的防控机制,多措并举进行保障。

八、制度及规范

- 安全管理规范:宣传工作会经常涉及单位的重大方针、政策、计划、工作部署,这些内容一旦泄露,就会给社会造成重大影响,因此,需要制定融媒体信息化平台的安全管理规范,以加强宣传人员的安全意识,保障平台的正常运转。这个安全管理规范应包括融媒体宣传工作平台的安全范畴,基础的方针、准则与职责,宣传资产分类、分级、保密、标注、保护的要求与规定,允许的交换方式,口令的使用策略,本地及远程工作的安全策略,移动办公策略,数字设备的申请、使用、挂失、报废要求,安全事件管理流程等内容。

• 管理制度:融媒体宣传工作平台的管理和维护制度,可以规范计划、采编、审核、发布、回馈、监管、业务优化等工作,保证单位的自媒体以及对外宣传活动发布得及时、准确。管理制度的内容会涉及工作机构的职责与权限,单位自媒体的管理,工作计划的汇集,采访任务类型的定义,事件采集、审核、发布、反馈的程序,内容的管理和保密,投稿奖励与处罚,事件应急处理,媒体采访,领导及重大会议报道,H5宣传资料审批,宣传业务培训等内容。

第六章 智媒体迎接未来

第一节　新智能技术的蓬勃发展

近年来,以5G、人工智能、云计算、大数据、区块链为代表的新型智能技术得到了快速发展,互联网带宽、速度、算力、机器智能能力得到增强,新智能技术可以处理更为复杂的宣传业务,对于传播的内容、形式、方法、手段、业态都产生了重大影响,为传播创造了人机协同、跨界融合、共创分享的智能传播新范式。

新型智能技术在短视频、人工智能写作、区块链稿件追溯、大数据精准宣传预测等传媒领域的创新应用层出不穷。智能时代将越来越贴近人类的真实需要,新型智能技术将更有条件配合人类的传播习惯和认知规律,宣传工作的业务场景将更为丰富,传播工作将越来越简单。在提升和满足宣传精准投递与阅读反馈的基础上,融媒体中心可以开展更为复杂的宣传业务,提供更为高效、高质量的精确传播服务。

新型智能技术的巨大潜力已经引起了各国政府的高度重视,传统媒体的数字化转型也迫在眉睫。近年来,国家连续颁布了《新一代人工智能发展规划》《十三五发展信息化规划》《关于批准建设媒体融合与传播等4个国家重点实验室的通知》《关于加快推进媒体深度融合发展的意见》等一系列前瞻性文件,调整新智能技术在融媒体领域的布局与发展导向,扶持其在确定的方向上快速发展,新智能技术将进一步赋能融媒体领域,加速变革。

第二节 智媒体是什么？

近年来，总能听到各类媒体宣传"智媒体"这一新名词，在互联网上搜索这个名词，可知智媒体是用人工智能技术重构新闻信息生产与传播全流程的媒体，由智能媒体、智慧媒体和智库媒体三部分构成。也有人认为，所谓智媒体，是指基于移动互联、大数据、人机交互、人工智能等新技术，充分利用社会群体中每个人的认知盈余，而构建的自强化的智能化生态系统，该系统实现了信息与用户需求的智能匹配，孵化了多元化、可持续的商业模式和盈利模式。智媒体的本质主要体现在智慧、智能、智力三个方面。

以上说法是人们站在不同角度对智媒体所进行的诠释。如何避免对智媒体的本质产生理解上的偏差呢？要先搞清楚智慧与智能的区别，其次要说清楚人工智能和大数据、人机交互的关系。

以人类（智慧）作为参照物，智能相当于初级的人类（智慧），例如，智能楼宇能够实现自动化灯光控制，和自动控温、节能等，但其能力比较单一。

大数据相当于中级的人类（智慧），在信息系统中通常指当前最热门的分布式系统架构，负责记忆、存储、知识等分布式数据库的计算与存取，而数据中控台则能够进行群体分析，比如，在茫茫人海中找到最相近时间内拼车的乘客，且保证多名乘客之间等待与到达终点的时间最短，花费也最少。

人工智能相当于高级的人类（智慧），初级人工智能需要经过大量训练，建立识别模型后，就能替代人类处理重复的判断、识别、辨别的工作。中级人工智能可以实现人机交互，比如，京东商城的客服机器人能与顾客对话，甚至判断是否通知仓库发货或协助客户退款；高级人工智能具有情感和逻辑，现在的通用人工智能已经可以写新闻稿了。

级别	智能	大数据	人工智能	人类（智慧）
初级	感知、控制无人化	记忆、知识、计算	训练理解、自学习、联想、辨别识别、分析	记忆、思考、分析、控制
中级		群体分析	人机交互、判断	创新、探求真理文化
高级			情感、逻辑	中庸、包容、决定

因此，从技术角度看，智媒体应该是包含了5G、人工智能、大数据等新智能技术和以互联网及移动互联网为支撑的"新媒体"的整合，即智媒体＝新智能技术＋新媒体。

第三节　智媒体的产业升级

一场全球性的新型冠状病毒疫情使人们意识到,"互联网+"已不是头部媒介专有的,全体机关事业单位也应使用"互联网+"技术。在疫情期间,机关事业单位纷纷利用"互联网+"技术手段,完成了移动端微信新闻的快采快编、编辑留痕、AI校对、全地域矩阵播报的宣传任务,保障了各行业平稳、顺利地发展。这不仅改善了传统的宣传工作模式,更是打破了宣传工作中物理和心理上的围墙,形成了时时、处处、人人皆可传播信息的宣传形态。

与此同时,机关事业单位的宣传工作的主要矛盾发生了三个根本性的转变:由"务虚"向"务实"转变,传播工作不再是发出去就行,还要收到精准的反馈;宣传部门由传统常态向新形势下以传播为核心的综合宣传服务转变,宣传工作要适应新形势下的统战、组织、新闻、业务、工会、安保等多源传播动态;由关注宣传工作的落实向宣传提效、增质转变,提升宣传治理水平和传播精准、有效、到位的服务标准。

机关事业单位宣传工作的转型,也将信息技术带向由"人为广播"到"人机互传"的时代。新时期传播的动因和层次更加复杂,传播的技术载体和内涵更加丰富,为应对业务发展与转变所带来的挑战,一些教育、媒体、机关事业单位的宣传部门已经敏锐地察觉到智媒体的发展,将宣传处、宣传部改制成融媒体中心,充分整合资源,加强统筹协作,推进网宣工作的深度融合发展,利用互联网思维和新媒体构建适合新形势的现代传播体系,打造融媒体中心工作平台,涌现出"一报一网""两台四维多端"等新概念,遍地开花的新智能技术正大量应用到宣传工作当中。

通过技术升级与产业升级,优化采编流程,实现内容数据的通用,将新媒体联盟、个性订阅、公众号排行、传播矩阵、传播监测评估进行全新组合,重新赋能宣传工作,使得内容生产集中化、传播发布多元化、运营管理数据化,促进宣传部门在技术驱动、运营服务、媒体生产等方面进行全面改革。全面提高融媒体中心的网络宣传、舆论引导、民生服务、网络信息监管、快速反馈等信息技术水平和能力,壮大主流舆论的阵地,不断提高机关事业单位的传播力、引导力、影响力和公信力,以面对新形势下的发展机遇和挑战。

第四节　5G 与融媒体

5G 是世界移动通信技术发展的主要方向,是未来新一代信息基础设施的重要组成部分。5G 与 4G 相比,具有"超高速率、超低时延、超大连接"的技术特点,不仅将进一步优化用户的网络体验,还能提高移动手机终端的传输速度,满足未来万物互联的应用需求,赋予万物在线连接的能力。

在超高速率方面,5G 的速率最高可以达到 4G 的 100 倍,实现 10Gb/秒的峰值速率,能够支持手机很流畅地播放 4K、8K 高清视频,运行 360 度全景 VR 游戏等等,但是,这么高的速率,每秒的流量收费就会是天价了。实际上,目前我国国民的 5G 上网速度大都控制在下行 40～100Mb/s、上行 20～50M/s,是民用 4G 的 10～20 倍。

在超低时延方面,在理论上,5G 标注的空口时延可以低到 1 毫秒,仅相当于 4G 的十分之一,远高于人体的应激反应,可以广泛地应用于自动控制领域。考虑到基站跳转、跨城际网络等延迟,即便在高速专线接入的条件下,开一个网络视频会议,数据包从目的地经 MCU(多点控制单元)到达目的地,网络层延迟至少要 300～500ms,而 5G 网络可以将延迟控制在 50ms 以内,可以支持单个终端用户运载更多的数据。

在超大连接方面,5G 在每平方千米内可以有 100 万的连接数,与 4G 相比,用户容量大大增加,除了连接手机终端之外,还可以广泛地应用于物联网。也就是说,在一个 1000 人的发布会现场,所有观众同时拿出手机摆在面前,做一次跨多平台的双向 4K/10M 会议互动实况直播,单个基站的支撑能力是足够的,这是 4G 基站或固网宽带做不到的。对于 4G 基站而言,每个单载频小区最多支持1200个用户,下行20M/s、上行1M/s,在这种情况下,基站根本无法负担5G/s的上行速度,就算强行提升到5G/s的上行速度,网络环境也会变得非常拥塞,性能会下降得很厉害,导致无法接入、卡顿严重、无法观看或互动的问题。

4G改变生活,5G改变社会,这是因为5G技术在超高速率、超低时延、超大连接、户外移动覆盖等方面有着巨大的技术优势。

那么,大家不禁会问,融媒体和先进的5G技术之间有哪些联系?宣传工作为什么需要5G技术?如何将5G技术运用到日常宣传工作中去呢?

一、5G实现便携智能终端的快速采访

5G智能终端的普及,使得手机具备了更高的拍摄能力。2021年以后生产的手机全部基于第六代局域无线网络技术和5G广域上联技术,使采访终端的智能化程度得到极大提高。

摄影师不需要传统笨重的摄像机,利用手机、自拍杆、耳麦就可以进行实况直播,用完成全景式和具有现场感的新闻报道。在短视频的编辑过程中,手机中的制作工具和模板的丰富程度令人咂舌,采访记者凭借独家、权威的新闻内容、简易专业的拍摄方式和充满创意的剪辑手法,在不依靠非线编专业人员帮助的情况下,就可以制作出精彩的新闻图片与短视频。5G智能终端不仅极大地降低了新闻采集的门槛,更满足了受众对专业化、极致化内容的需求。

二、5G优化沉浸式新闻体验

加强传播的现场感与临场感也是未来融媒体中心提升传播质量的重要工作之一。随着AR和VR技术的蓬勃发展,两者所带来的360度全景观看体验,改变了传统媒体时代用户接收新闻时的单一化、平面化视角,增强了用户的现场感,优化了用户的沉浸式体验。

站在受众角度,5G的高带宽和低延迟技术能够将AR视频传输至云端,并与云端标签库渲染融合,然后高速返回给受众。想象一下,戴着AR眼镜参加现场会议的观众,能够看到主持人和主讲嘉宾每个人头上的姓名、职务标签,能够通过手势查询、回放嘉宾所说过的内容,可以选择同屏、多语言字幕

翻译，甚至可以下载他们的演讲PPT、介绍资料，这是不是很酷？

　　如果通过VR参加盛会，即便只有5分钟的4K开场VR片段，也会产生近1GB大小的文件，利用5G技术，VR片段只需要15秒就能抵达观众的VR眼镜中。比起AR，VR不仅可以放大主持人的吃惊面孔和嘉宾紧张的搓手动作，记者还能站在现场不同的角度回看会议，直视现场观众的表情与了解互动情况，甚至可以开个互动窗口，直接实时连线现场进行提问。在4G时代，AR、VR都是本地连接高性能服务器的设备，难以实现商用与移动化，而借助5G的高速率、大流量的技术优势，内容传播就可以从短视频和直播向AR、VR方向发展。AR、VR不仅能使宣传工作更加生动、立体，还能引导沉浸式新闻体验的深刻变革。

第五节　人工智能与融媒体

　　人工智能是一门新的模仿人类智能的理论、方法、技术及应用系统的技术科学。人工智能也结合了自动化机器人制造技术,通过赋予机器人或远程人机交互系统(如客服机器人)语言识别、图像识别、自然语言处理和专家系统等能力,让它们对人的意识、思维过程进行模拟,如学习、推理、思考、规划等,使其能像人那样思考、并做出一些重复性质的查找、选择、确认和回答。

　　目前,人工智能的研究范畴包括自然语言处理、知识表现、智能搜索、推理、规划、机器学习、知识获取、组合调度问题、感知问题、模式识别、逻辑程序设计、不精确和不确定的管理、人工生命、神经网络、复杂系统、遗传算法。我国在人工智能应用领域,在机器视觉、生物识别、骨骼识别、NPL语言识别等方向的研究水平已处于世界领先地位。现在,与我们每天打交道的人脸识别、自动语音问答机器人、多国语言字幕翻译宝等都以这些技术为基础。

　　人工智能的发展划分为两派:一派是传统意义上的专业人工智能,比如,人们常用的现场语音识别器、机器翻译、OCR(扫描文件转文字识别)软件等对目标序列进行预测和判断。人们需要输入大量的数据,以让算法选择最优和最匹配的结果,这些都是应用于专业领域的服务,如购物问答、汽车导航、音乐欣赏、唐诗故事朗读等。

　　另一派系是通用人工智能,它将目标序列的任务(如阅读图书和获取互联网信息)进行预测或判断,同时把多个序列的任务转换成单一序列(如翻译、算数),即无序地输入训练资料,然后通过让通用人工智能"做题"进行"教学",这种"教学"可以在自然的对话中随意出题,问题可以是天文、地理、历史、算术等，很快，通用人工智能就可以被训练"成才"。通用人工智能可以直接完成语言生成、机器翻译、问题回答、文本摘要、数字计算、程序生成等多项任务。人工智能面对编程、绘画、谱曲、翻译、算数等超越一般语言模型的任务时，它只需要学习小样本就能对答如流。

现有的专业人工智能已经能够代替人做内容审查、媒资管理和内容分析的工作。专业人工智能通过植入人工的内容审查功能，可以对媒体素材库视频、语音、图片、文本等多媒体内容进行审核，对相同图片、视频片段进行检索管理并打上标签标记。

2020年，非营利性AI科研机构OpenAI发布了一个名为"GPT‐3"的语言模型，仅仅"3岁"的它已经将谷歌搜索、微软必应搜索的内容通读了一遍，掌握多国语言，词汇量多达5000亿。人再怎么孜孜不倦，一年也不过阅读30本左右的图书。将GPT‐3编写的新闻和人类记者编写的新闻放在一起，由专家判断哪些新闻是GPT‐3编写的，哪些新闻是人类记者编写的，专家的判断准确率只有52%，这意味着我们已经无法分清机器写作和人工写作了。在全球AI领域，GPT‐3堪称具有划时代意义的重大科研突破。

既然人工智能有这么多算法和应用，它将在融媒体宣传工作平台上发挥哪些作用呢？

一、利用人工智能，实现采访流程智能化

当我们在现场采访时，将高清大图和超清视频实时回传给融媒体宣传工作平台，平台又将视频、语音发送给NPL语音转换文字云服务，匹配好同屏字幕或多国语言同步转译，甚至自动分辨、整理好记者和受访者的对话。历史性的视频也可以利用融媒体工作平台转换工具，直接生成多国语言对照的视频，方便机关事业单位向"一带一路"沿线的用户进行传播。现场或历史图片，通过目标检测、目标识别等算法，能够识别出其中的人物、时间、位置并打上标签，然后自动生成动态图文视频，在照片下方添加小标题。记者得以充分解放双手，在提高工作效率的同时，也提升了新闻传播的质量和效果。

2017年12月，新华社发布了第一条MGC（机器生产内容）视频新闻——《新华社发布国内首条MGC视频新闻，媒体大脑来了！》，从而开启了专业人工智能与媒体融合的新篇章。伴随着通用人工智能的进步，人工智能新闻将

覆盖宣传工作的各个角落,因此,采编、制作、审校内容的自动化、无人化的工作方法,也为新型智能技术时代的媒体内容创新和发展提供了新的思考方向。

二、通过人工智能,助力采编推荐智慧化

在大数据、云计算等技术的支持下,新闻传播的编审服务功能将更加完善,以人工智能为代表的智慧采编应用体验将更加多元化,并逐渐替代人工撰写,成为新的新闻采编方式。

当前的专用人工智能文案助理将替代传统的单机版文稿校对系统和人工内容审查,比如,自动完成采访稿件的错字重句检查、领导人的姓名与职务排序、敏感政治词汇的校对与辅助修正;在云端自动实现稿件审查,包括色情、暴恐、政治敏感、广告、违禁词等多种审核,以及进行点播和直播内容审核,大幅降低政府机关事业单位的审核风险和成本,如下图所示:

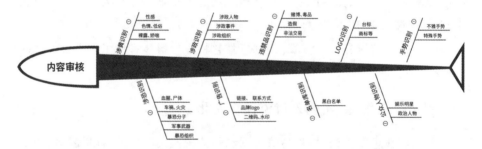

不仅如此,通用人工智能还具有很强的阅读存储与语言交流能力,在融媒体宣传工作平台中,它就像一个智慧大脑,可根据采访视频与录音,事件的背景、类型、内容自动整理出500字、1000字、2000字的新闻通稿。

如果采用人工编写模式,即便是一个对政府机关事业单位的历史缺乏了解的记者,也可以通过与融媒体宣传工作平台进行人机对话,智能调取采访素材库中的历史照片、视频、文献,让文案助理机器人选择文案库中合适的文案类型,并自动匹配多维文案库模版,弹出行业法规库中相近的引用与纠正提示,进行智慧审校。

可以预见,在三五年后,机关事业单位就会出现大量通过通用人工智能生成或修改过的新闻。在某种程度上,现有的通稿语言习惯和知识体系都会

被通用人工智能的模型学习,通用人工智能会取代人工采访,编写采访文案,匹配多维文案,进行校对工作,所以,必须重视推动我国的通用人工智能的发展。

三、人工智能强化精准传播

精准传播的重点是识别视频画面中的字幕、标题、弹幕等关键内容。对于语音,通过自然语音处理,将识别结果进行多次校对和关键词提取,得到最精准的标签。对于视频和图片,则需要利用平台的人工智能媒体检索功能,根据视频、图片的特征,在自建的素材库中找到与需要检索的视频或图片相同或相似的视频片段或图片,用于视频查重、图片查重、版权保护、长带短/短带长等场景,然后利用媒体内容分析所输出的结构化标签,结合新闻知识图谱,实现基于内容的检索。标签化的视频与图片更容易应用于个性化的精准推荐等场景,而且支持文字、图像、视频等全媒体检索方式。

同样,对视频和图片还要进一步进行媒体内容分析,针对视频语音和图像进行综合分析,理解视频内容后,形成分类标签、热门标签,提高视频的曝光率和利用率。基于互联网丰富、全面的公众人物库,识别视频中出现的明星、名人,解决视频由于缺乏关键词而无法露出或检索的问题。通过自动抽取视频内容的结构化标签,有效解决新视频精准传播的推荐算法问题,实现个性化的精准推荐,提高视频的曝光率。人工智能内容分析技术能够捕捉整段视频中最能体现核心思想、冲击度最高的视频片段或图片,用于设置新闻视频的封面或动态预览,以提高内容的浏览率与点击率。

四、人工智能优化个性投递

新闻抵达受众后,如何做好受众的精准反馈和留存,即如何实现个性化的精准投递?这是机关事业单位开展宣传工作时亟待解决的问题之一。

未来,融媒体宣传工作平台应开发内涵推荐模块,主要包括新闻、业务、搜索推荐,管理模块关注,新闻库、作者、业务文献、A/B实验快速验证、推荐原型上线,生态模块,提供同类用户精选内容、形成创作者矩阵、打造受众活动圈。通过提供与受众活动圈相配套的地推组织生活与业务宣传活动,提高运营效率,洞察、分析受众行为和关注喜好。详见下图的参考架构:

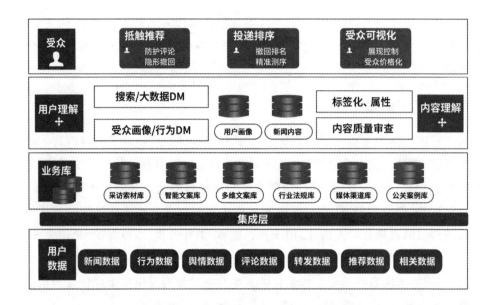

首先,融媒体宣传工作平台针对每个设置栏目进行推荐和详情页关联推荐,收集自媒体全站浏览时长和点击率等指标情况,形成受众洞察数据,提升推送准确度和相关性。具体包括三种个性化的推荐模式:

·画像推荐:在融媒体宣传工作平台中,快速而精准地分发终端受众所期待的内容以提升黏性,结合受众所关注的内容,提高新闻分发效率和受众在官方自媒体站内的活跃度。

·消费推荐:根据受众的属性、行为、兴趣、关键词等指标,为受众在官媒、APP首页、微官网提供相似场景的个性化推荐。在受众操作时,推荐关联新闻、受众感兴趣的政策、利益相关的信息,提升受众黏性。

·互动推荐:依据受众行为及上下文的反馈内容,在对话中的关键决策点提供思政引导话术推荐,帮助受众完成合规对话,留下更多的线索信息,降低转化和留存成本。

通过融媒体宣传工作平台的内容理解模块,将新闻内容、业务应用、对话式沟通融为一体,利用画像、消费、互动等推荐服务,有效地提升受众活跃度,鼓励受众共享转发、反馈参与。

最后,要借助受众和新闻标签体系,精准理解受众关系节点的知识图谱,通过优化模型与算子,对受众画像进行更为精准的描绘。

融媒体宣传工作平台的个性化建设,需要用代码重构宣传网站、APP、微官网等官方自媒体应用,打通媒体传播矩阵。通过引入具有高关注度的新闻内容、多模融合算法策略、高性能和高可用的工程架构,推动循环渐进式的运营,有效地监控媒体矩阵传播的有效性、自媒体活跃度。在这个过程中,人工智能会根据自适应推荐算法,提供更为精细化、场景化与个性化的投递。

人工智能会不会全面取代人的宣传工作?融媒体宣传工作平台在什么时候能全面实现上述的人工智能设想?

对于第一个问题,个人认为暂时不用担心,在十年以内,人工智能还无法全面地取代人类。虽然目前专业和通用人工智能已经可以替代人完成视频、图片、语音、文字相关的宣传任务,人工智能比人更高效、更准确、更省钱,但是,无论是专业人工智能还是通用人工智能,人工智能在模拟人类的思考上还差几个数量级。比如,宣传人员要人工完成运动、视觉、推理、规划、情感等任务。另外,人工智能进行文章编写的大概功耗是400瓦,而人脑的功耗一般是20瓦,这样来看,在短期内,用人脑还是比用人工智能的能量成本低。

不过,也许3~5年后,人工智能就能完成80%的融媒体宣传平台中的采访、校对、编审、精准推荐等重复、缺乏创新性的工作。

第六节 大数据与融媒体

大数据,又被称为"巨量数据集合",即一种无法在规定的时间内利用常规的数据统计软件获取或者捕捉、管理的数据集合,其本质上是一系列数据的集合,但通过新的处理模式对数据进行分析与处理,以此挖掘出重要的数据意义,并在所涉领域提供重要决策指导、信息洞察服务以及处理流程优化等支持。

随着互联网的发展,数据量不断增多,信息收集变得更加高效,新媒体的发展不断完善,所以大数据媒体受到用户的青睐。数据不单单以文字的形式传播,还能以图片、音频、视频等形式传播。人们可以更加快速和便捷地获取有效信息。在融媒体时代背景下,媒体愈发趋向于多元化发展,大数据、人工智能等新技术全面渗透到要素采集、内容生产和产品推送的全过程中去,而应用大数据技术可以多方位地展示事件的细节和具体内容,也可以从宏观角度认识事物的规律。放眼当前短视频、网络直播、无人机航拍、虚拟现实(VR)、增强现实(AR)、H5等,无一例外都需要大数据技术的支撑。发挥数据的关键优势、打造舆论新生态是媒体融合的大势所趋。

一、大数据思维对融媒体的影响

大数据有助于捕捉、挖掘新闻事实,增加新闻报道的厚度,催生新的新闻文本(通常讲的是数据新闻)。比如,有人用人民日报数据库写出数据新闻《谁是中国人民的老朋友》,借助词频分析梳理出新中国成立以来被称为"老朋友"的国际友人,并进一步分析国际环境的变化和外交政策的调整。

大数据有助于提高定向传播的精度,用数据为受众画像,让内容的生产与传播更有针对性,让新闻宣传与舆论引导的精准度更高。近年来,一些商业平台通过大数据为受众画像,再通过"智能算法"实现精准推送,实现内容分发"千人千面"。这一技术手段改变了传统的内容分发的模式,提高了内容的匹配度和到达率。人民日报新媒体目前也在研究"党媒算法",通过对论坛、博客、微博、微信、短视频、音频等多个网络平台数据的全面抓取和分析整理,精准把握受众阅读的兴趣偏好、意见诉求及心态变化,实现分众化、个性化、差异化的内容推送。

大数据有助于加快新闻生产的速度,大数据不但刷新了新闻生产与传播的局面,也重新定义了新闻报道的速度与数量。大数据往往能帮助主流媒体加快在舆论场上的反应速度,首发定调、先声夺人。在2021年两会期间,《人民日报》通过热词分析,当天确定选题,当天组织成稿,获得很好的传播效果。

大数据有助于了解公众情绪。在大数据时代,互联网上的所有信息皆为数据。舆论动向、群体行为、社会态度、公众情绪、社会认知等都能借助大数据掌握。主流媒体通过与互联网大数据行业的融合,实现对大数据的挖掘整合与交叉分析,可为重大风险防范、政府决策科学化、社会治理精准化、公共服务高效化提供有力的数据支撑。

大数据有助于提高服务民生的温度。融媒体不仅是新老媒体的融合,还是媒体与政务信息、产业服务的深度融合。推动融媒体向纵深发展,可以利用好政务大数据,运用媒体平台,有效对接人民群众的需求,增强主流媒体的贴近性,提升用户黏性。如果说商业平台具有社交媒介的优势,主流媒体则具有融合政务服务功能的优势,这是主流媒体需要着力打造的核心竞争力。

二、大数据在融媒体中的功能

在融媒体发展的过程中,大数据的作用是有目共睹的,大数据有助于实现传播主体复合化、传播渠道多维化及传播受众立体化。

复合化的传播主体。在大数据时代,传播主体不再局限于专业化的媒体从业者,受众同样能够生产内容,通过自媒体进行传播。媒体从业者更加依赖于受众传播的内容,通过大数据监测,分析内容源,寻找热点内容,来生产高质量的内容。传播方和接受方都是传播的主体,传播主体是复合化的。同时,在大数据时代,对于专业的媒体从业者的要求更高,媒体从业者的业务能力要向数据化采编转型。媒体从业者在挖掘数据化内容之后,要摆脱"搬运工"的不利角色,对内容进行分析加工,寻找内容之间的关联,发现最具有新闻价值的内容。在内容的呈现上,媒体从业者应该以新闻图片、视频、音频等形式来可视化地呈现内容,以此来增强内容的渲染力、提高内容的传播力度。在2016年两会期间,《人民日报》、新华社、澎湃新闻等媒体推出了多种解读两会的可视化新闻,体现了媒体从业者数据化采编能力的提升。在大数据背景下,媒体从业者不再制作、加工单一的图文、音频、视频,而是进行复合化的数据化采编。媒体从业者在大数据的影响下,其职能也趋于复合化。媒体从业者一方面是信息的把关人,另一方面要善于发现受众的需求,为用户提供个性化的服务。在大数据背景下,传播主体是复合化的,传播主体生产的内容适合不同平台,因此助推了媒体之间内容的融合。

多维化的传播渠道。媒体获取数据,需要立足于传统媒体、新兴媒体,以大数据的思路来处理相关数据。数据不仅仅源于单一的传播渠道,还源于多维化、交互式的传播渠道。将数据加工成内容之后,连接内容的渠道也是多维化的,受众接收内容的方式是多样化的,这也使得内容的覆盖面更广,从而提高了内容的实际到达率。利用大数据分析,媒体从业者还可以知晓受众偏爱哪一种传播渠道来接收内容,知晓内容投放到哪些传播渠道进行组合传播所取得的效果更佳。媒体从业者可以选择传播效果最大化的渠道进行传播,最大限度地优化内容的传播效果。视频、音频等形态的内容不仅可以通过网络、电视渠道传播,还可以通过移动客户端、微博、微信渠道进入受众视野。在大数据背景下,多维化的内容连接渠道,助推媒体之间渠道的深度融合。

立体化的传播受众。在大众传播时代,传播受众是一个泛化、抽象的概念,媒体从业者只能够基于从业经验,判断内容的传播价值及受众对内容的喜好。媒体从业者的主观判断,有时会得到受众对内容"置之不理"的结果,内容传播效果不及预期。媒体从业者即便是获得了受众的反馈,也只是获知了受众片面的信息,对受众也只有模糊的认知。在大数据时代,凭借大数据技术,受众的个人形象是清晰化、立体化的。受众登录各种媒体平台,注册信息,留下个人数据,比如,浏览内容生成的阅读数据,分享、转载、下载内容留下的个人行为数据等等,都会成为媒体分析受众的基础。客观、详尽的数据为受众绘制"画像",还原受众在现实生活中的真实面貌。媒体从业者借此对受众的兴趣爱好、个人特征、内容需求等有了深刻的感知,此时,媒体从业者能够知晓受众偏爱何种内容、哪种传播平台。基于大数据、云计算等网络技术发展起来的移动手机客户端之所以能够实现传播主体对传播受众"点对点"式的精准传播,是因为运营手机终端的媒体从业者对受众需求的精准把握。媒体从业者运用大数据,构建受众形象,分析受众需求,进一步助推传媒内容和形式的创新。

三、大数据对融媒体的作用

大数据是数据、技术及应用三者之间的统一,大数据的应用加快了融媒体的发展进程,净化了网络空间,使得传媒内容更加真实、健康、有效。

催化剂。大数据的应用,加速了融媒体的发展进程。大数据已经融入传播采编、传播方式、传媒制播、传播效果评估等环节之中,大数据成了媒体的中枢,指挥着媒体的运营。媒体运用大数据,大大提高了发现内容的效率和能力,缩小了媒体之间生产内容的鸿沟,有助于消除内容边界。大数据对媒体进行内容赋权,降低了内容的准入门槛,生产出更符合受众"口味"的优质内容,最大化地实现内容的价值。传统媒体为了适应时代的发展,转型成为新兴媒体,在新兴媒体平台上推出官网、微博、微信公众号以及移动客户端产品。传统媒体依托于新兴媒体平台,制作出符合新兴媒体传播特性的内容,走上了融媒体的路子。在这个过程中,大数据对媒体转型升级的作用功不可没。

净化剂。在融媒体发展的过程中,内容可以通过不同形态、不同介质的媒体平台进行传播。在移动互联网的大数据生态环境中,内容呈井喷式增长,不再是稀缺资源。由于受众在移动互联网上发声的即时性以及媒介素质水平参差不齐,移动互联网上的内容纷繁复杂、良莠不齐。在热点事件发生之后,围绕热点事件的一些虚假内容往往会在移动互联网上肆意传播。这些虚假内容以耸人听闻的标题赚取受众的浏览、点击率。虚假内容的传播,不利于网络的良好运行,也会对媒体的公信力造成消极的影响。大数据对净化网络空间、还原事件真相尤为重要。利用大数据建构的数据取证公众服务平台,受众可以举报虚假信息来维护自身的合法权益。在融媒体的发展过程中,大数据起到了净化、过滤内容的作用,与真相的契合度更高。

塑化剂。大数据从思维到现实层面引领融媒体和媒体发展的未来。大数据能够"化无形为有形,于芜杂中见规律",把抽象事物变为有形和可见的事物,具有塑化剂的作用。利用大数据所生产的内容形式更加多样化。2010年10月,英国《卫报》采用数据地图的方式,报道了伊拉克战争人员伤亡的情况。在这份数据地图上,受众点击地图上的地点,就会得到该地点的人员伤亡数量、原因等信息。数据地图用三维形式呈现,给受众非常强烈的视觉冲击力,增强了受众的记忆。大数据为融媒体指明了发展方向。

大数据能化无形为有形,从复杂中见规律,把抽象事物变为有形和可见的事物,具有造型、塑型的作用。有效地利用大数据,推动媒体的融合发展,将使得制作出来的新媒体产品更加生动形象,更加有互动性。从思维到现实层面都引领媒体的融合发展。

第七节 区块链与融媒体

2015年,比特币作为资产平衡的投资新物种进入中国,新兴事物出现的时候通常带有朦胧色彩,这是因为区块链似乎不能反映 Blockchain 的真正含义。一个事物越是离奇,就越能吸引更多的领域先行者对其进行各种研究,其中也包括媒体人。

如果想理解区块链,建议阅读《区块链将如何重新定义世界》一书,该书全面介绍了区块链的技术和应用。区块链是一种思维,其精髓在于解决中心化组织可能存在的协议遗失或蓄意造假行为所造成的信任危机。通过发展去中心化、平行化组织,设计一种共识合作机制,构建相互平等、互不干涉且多方受益的格局,利用公投方式去解决影响社会监督和公证体系的公信力这一核心问题,其核心是一种信息管理的权利转移。

区块链共赢思维强调建立多方信任共识的系统而非中心化组织,相互之间既能保留隐私,又可以公开透明、可溯源地共享信息,并且不可篡改信息。区块链的价值思维是为组织提供金融服务功能定位,利用其金融与战略工具的功能进行价值传递,产生更大的平台效应。通过定义虚拟货币,可以更好地解决信息传递过程中的交易安全问题,减少中间环节,提高运营效率,降低交易成本,增加信息透明度。

区块链有四大创新技术:分布式账本、非对称加密及授权技术、共识机制和智能合约。参与者借助技术手段共享一个账户钱包,将需要达成共识的资产或成果变成代码放到区块链上,并按约定条件自动执行,代替原来一系列非常复杂的社会监督和公证体系。

区块链思维与技术的结合可凝聚、赋能更多组织,因此能替代非常复杂的社会监督和公证体系,在我国政府的推动下,金融、游戏、地产、物流、教育、医疗等领域开始使用大量的区块链社会应用,包括权证保存、数据防伪、征信检索、去中心化信任连接、代币发行、物流追溯、学历造假抑制、闲置资源共享、交通出行调控、国有资产流失和腐败行为监控等。

近两年,陆续有学者呼吁结合区块链思维,推动融媒体宣传的应用创新,让区块链在宣传领域尽快能用、有用、实用,发挥实效。

一、融媒体呼唤区块链

(一)如何判断谁是意见领袖

在融媒体时代,信息源头还是《人民日报》、新华网、光明网等主流媒体,但是在人际传播中,不同级别的意见领袖正在发挥着重要的影响力。特别是近十年来,随着新浪微博、抖音、头条号、腾讯新闻等社交媒体的快速发展,社交媒体日益成为人们获取信息的主要渠道,过去由官方媒体单向度地向受众传递信息的模式已慢慢地转变为从扁平化的社交媒体、个人媒体节点获取信息的模式。特别是意见领袖,他们裹挟着情感渲染和价值评论、判断,将信息从一个朋友圈传播到另一个朋友圈,在传播的过程中,机关事业单位的新闻内容存在被误读和曲解的可能。另外,人们在手机上接收信息的习惯的形成,使得阅读和获取新闻信息也趋向碎片化,这往往会导致受众了解信息不够全面、无法判断信息的真实性,甚至可能直接妄加评判。

(二)如何避免时间与事件的真实性博弈

新闻的透明性可分为"公开的透明性"和"参与的透明性"两种。如果说主流媒体是广播模式,那么新媒体则有了让全民成为记者的可能,很多事件的传播已经不再依赖于专业的媒体,如今的社交媒体、个人媒体正在与专业媒体争速度、抢时间。在这种情况下,为了追求速度而损害宣传的本质和真实性的情况时有出现,往往有人不去验证消息来源的可靠性,或缺乏深入、全面的采访和调研,只要有消息就马上发布,所以,在日常的宣传工作中有很多"宣传反转"的现象,甚至出现了"发出的新闻会被撤回,等过两天再看"的说法。

为追求时效而牺牲传播的准确性,会透支公众的信任,导致人们怀疑真相,甚至愿意选择相信谣言。

（三）"有图有真相"

相比于文字信息,更具有现场性的视频和图片给受众所带来的真实感更加强烈,然而,图片只是凝固的一瞬间,它没有前因后果、来龙去脉,镜头中的场景也并不是事实的全貌。视频虽然看似还原了当时的场景,但是,手机端的剪辑工具能根据每位受众的口味进行合成、拼接。社交媒体上的公众号和直播间内有无数种对事件的解读版本。在这样的传播环境中,即便有图有视频,也无法确认哪个版本值得信任。

（四）发声反馈去中心化

在融媒体时代,可以说"人人都是传声筒、人人都有话语权",但是,机关事业单位的宣传部门的发声是否真的能被大多数人听见呢？我们在互联网上获取的反馈信息,大都受到各类主流媒体网站所提供的舆情分析服务的影响,传播矩阵中的个人记录和传播信息的能力难以被激活,无法获知舆论走向。

（五）"网络围观"

主流媒体平台垂直是具有公正性的发声,而社交平台聚合则是现实社会中的"网络围观",受众仅凭当时的场景和围观群众的只言片语就"脑补"出事情的经过,然后盖棺定论。"网络围观"导致事实的真相被遮蔽,真实新闻加强了受众对机关事业单位的信任,而虚假新闻让受众产生恐惧、厌恶、不信任的感情。事实上,情绪是新闻传播的主要因素,一旦受众的情绪基调确定,受众对新闻的反馈就会保持惊人的一致性。在新闻传播中做好情绪控制的工作也是融媒体宣传工作平台的重要任务之一。

二、传播去中心化

过去,机关事业单位的宣传部门非常重视主流媒体的传播力,甚至采购舆情分析服务,但是中心化的主流媒体也存在不足之处。首先是机关事业单位的宣传部门因担心信息被受众放大形成负面舆论,而关闭了相应的宣传回访通道,导致受众不愿反馈,舆情分析充满着定向性且不够全面；其次,中心化媒体相比社交媒体具有版费高昂、受众群体细分不足、反馈被严格把控等弊端。因此,一部分机关事业单位的宣传部门认识到,仅仅依赖中心化主流媒体是不可取的,还应该把党政及业务传播搬到去中心化社交媒体上,在扩大宣传的同时,也可以获得多方反馈。

我们现在使用的微信、公众号、朋友圈、头条等社交媒体,支持分布式个人发布、转发、评论、关注、点赞、举报、打赏等功能,其本质就是传播去中心化。去中心化传播的社交媒体不仅提高了用户的活跃度和黏性,也为用户行为和舆情分析提供了重要的数据来源。但是,去中心化的社交媒体面对谣言束手无策,即便采用IP地址追踪、社交媒体平台过滤、加强人力监控等技术手段也难以取得很好的治理效果。如何采用区块链技术进行治理呢?

政府可以牵头达成主流媒体、社交媒体、机关事业单位自媒体之间的共识,即搭建一个多方共用的宣传区块链平台,每个媒体、机构都是联盟链的复制节点,将数据集中共享管理的模式变为分布式共维护的模式,以实现分布式媒体平台的去中心化。

宣传区块链为每个公民分配了一个拥有互联网唯一标识的信息账户、一个公钥和一个打开信息账户的私钥,信息账户中存储着个人发布的文章、评论、视频等。

三、传播的非对称加密

以分布式账本和电子钱包为特征的区块链技术,恰好弥补了去中心化社交媒体平台舆论和信息真实性管控不足的缺陷。首先,当用户在微信、头条、QQ、浏览器上阅读一篇网络推文时,手机或电脑就默认打开了信息账户,将本次阅读新闻的行为记录下来。然后,当用户对这个新闻进行反馈(转发、评价、点赞等)时,这些行为也一并被记录到个人信息账户中。

但是,当用户想与关注的作者或者同样关注作者的其他用户进行交流时,就需要验证身份,传统的办法是登录新闻来源的媒体平台,宣传区块链平台不需要任何平台的身份认证,在反馈过程中,只需要用户输入个人账户密钥,就能让机构记住宣传链并验证身份信息,完成个人信息账户的调取。通过非对称加密技术生成的数字签章(比电子签章安全很多),可以将评论内容,如文本、语音、照片、短视频进行打包、盖章,发送到区块链上。每一条评论都可以生成一个唯一的128位哈希值,区块链平台能借助哈希值立刻发现信息是否为原始资料,真正做到了"有真相"。

指定的阅读人解密打包的区块后,即可查看或下载数据,并将其存储到个人信息账户中,如下图所示：

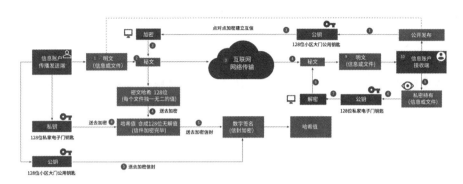

宣传区块链将所有参与者的行为都记录到主链中,同时复制给每个媒体平台的备份链。区块链非对称加密技术让人人都能发布与反馈信息,同时,区块链记录了信息发布者与信息的一致性关系,更能将"不可篡、可溯源"的特点发挥到极致。

然而,信息发布者又是如何将发布或者反馈的信息,如短视频、投票、点赞等信息增加到主链上的呢？这个在主链上添加区块的操作又是由哪个媒体平台批准的呢？

四、发稿的智能合约

区块链上的信息账户中有公告板,当用户看到一个带有区块链标志的信息,无论在哪个媒体平台上进行如点击、点赞、评论、发帖、上传视频等反馈,只要符合新闻发布的信息管控共识机制,即可将反馈内容打包成区块给区块链仲裁。

当宣传机构增删新闻信息时,只需要打包好变更信息区块进行广播。为了避免网络上的抄袭、造假、版权冲突行为,相关媒体机构作为多方保荐、仲裁机构,需要建立轮流洗牌的DPOS共识协议（委托权益证明机制）。DPOS共识协议可以平衡主链,提高区块的公正性和效率,确保共同见证和99%的参与率,完成智能合约鉴权,盖上哈希时间戳,再进行非对称加密,将新区块送入主链记账。想要了解详细流程的读者可以参考区块链相关书籍与文献,本书不进行深入论述。

区块链会将反馈区块解包,查看是否合规,比如是否有反动言论、词汇是否脱敏等,仲裁了区块反馈信息后,区块链会帮助发布人与所有媒体签订智能合约;

- 达成不可更改、可追溯、局部或全部的公告协议;
- 区块链自动按此协议执行,即添加一个反馈记录区块到主链(记录区块包括发布人、发布时间、发布内容包的大小、通过哪个媒体发布、传播范围等)中;
- 主流媒体、社交媒体、机关事业单位的自媒体将与主链同步更新,防止任何一个媒体单方面删帖或修改,起到了共同监管的作用;
- 每一个传播转发者都将添加一个区块到主链;
- 区块链和个人信息账户发布与反馈信息时进行双备份,保持一致性,以便后期追溯。

去中心化的宣传区块链免去了掌舵人的把控环节,每个人都是一个"新闻机构",用户无论在哪个媒体平台上发布信息,执行采、编、发的动作都形同流水线作业,不受干扰。公钥保证了公共新闻的开放阅读性,私钥保护了群体或个体之间的信息隐私。

去中心化的宣传区块链将所有人组成了一个全新的"新闻机构"。公共的新闻公告板汇聚了各个方面、各个视角的信息,有助于人们全面地了解事实真相。

可见,去中心化的宣传区块链不仅能反馈采集工具的内容,进行即时性传播,又将更好地安排信息传递过程中的先后次序,还能把这些分散的信息更好地整合起来,减少误读,增强信息的传播透明度、可追溯性与言论的责任感,未来宣传将紧密连接机关事业单位的自媒体、主流媒体、社交媒体,也许还将代替原来一系列非常复杂的社会监督和公证体系。

五、宣传与传播价值激励

实际上,我们也可进一步利用区块链的价值思维,发挥其作为金融工具的传递平台效应,在信息账户中增加一种虚拟货币——"宣传币"(宣传工作专用的积分),让每个记者和受众都使用一个宣传的平衡系统,即新闻钱包。这样可以奖励高价值用户,如值得信赖的意见领袖,合理利用宣传币的记分、代币价值,从而激励民众发挥更大的传播价值。

基于区块链的融媒体宣传工作平台为采访素材库、智能文案库、多维模板库、行业法规库、媒体渠道库、公关案例库贡献内容提供了激励方式。将达成共识后的信息与反馈资产或成果变成代码,放到区块链上,媒体通过区块链的自动合约机制给贡献者账户一定比例的宣传奖励。

基于区块链的融媒体宣传工作平台也提供了另外一种构架的开放性新闻生产的方式。未来,可根据记者的采访工作量、采访贡献、模版贡献、文章审校、发声贡献(引用次数、转发次数、点赞次数)、渠道获取贡献、传输分享流转等宣传绩效,将激励形式全面价值化,与宣传币挂钩。

过去,机关事业单位的宣传部门只有几个人,即便使用校对软件,但是稿件错误依然存在。某单位因过去多篇新闻将某领导的名字写错,而被上级多次以红头文件的形式通报批评,并要求该单位拿出对应的整改方案。从宣传主管领导、宣传部部长到一般职员,每个人都紧张得要命。可是大家找遍了OA系统和邮箱,也不能确定到底是哪一道关卡出现了错误。那么,采用传统方式的宣传部门应该如何整改呢?就这个案例来说,具体方法如下:

· 采购上级单位所推荐的校对系统;
· 采购宣传专用的OA系统,对每一环节进行审批;
· 增加审校专职转岗工作人员1名;
· 全员上交检讨书,接受教育;
· 全年绩效停发。

实际上,这种模式仍然治标不治本,OA流程是可以在事后变更的,签报数据可以更改,传输文件也可以替换,根本无法防范此类问题。融媒体中心平台可以增加人工智能和区块链这两种技术,明确工作人员的个体责任,保证历史流程不可进行篡改性的追溯。

区块链的去中心化、共识机制、分布式账本、智能合约、资产数字化、凭证数字化的特质,有助于重塑和建立融媒体中心的扁平化组织和宣传生产关系,建立传播相关人的自动契约和激励机制,方便寻找意见领袖,证明信息真伪,实现真正的宣传去中心化,有效防控"网络围观",让机关事业单位的宣传工作更加客观、真实、透明。

去中心化的宣传区块链,可长久保存与可追溯信息及反馈信息,不仅有效避免了个人信息造假的问题,相比国家新闻共享体系也是重大升级与进步。同时,区块链强化受众信息的对称性,能够规避媒体和机构间界限不清、办事推诿等效率低下的问题;信息账户私钥授权可有效防止新闻机构将个人的隐私信息泄密;DPOS共识协议有利于媒体机构间的开放与配合,便于责任追溯,极大地增加了单方篡改、删帖造假的难度及成本,从而极大地减少了政府追溯导致宣传过错出现的证明开具、重复存档、机构间协调、审核与监管的成本,有利于形成宣传公共服务的约束和激励机制,为机关事业单位融媒体中心的数字化转型提供了创新思路。

第七章
工作模板

2015年,TNS(即特恩斯市场研究公司,它是一个全球性的市场研究与资讯集团)的一项研究显示,全球16～30岁的用户每天使用手机的平均时间为3.2小时,而中国手机用户的平均使用时间为3.9小时。在TNS的调查结果中,中国手机用户使用手机的平均时间仅次于泰国的4.2小时,位列全球第二。

2016年,360手机发布的《中国智能手机依赖调查报告》显示,中国手机用户日均解锁122次,每天接触手机超过6小时的用户比例高达12.4%,近一半的用户在零点后还在玩手机。每天使用手机的时长超过6小时,这意味着什么?一天24小时,除去睡眠时间,这一部分人群在近一半清醒的时间里都在使用手机。

随着智能手机的发展所带来的移动互联网的兴起,各种信息资讯占用了用户的时间。手机不仅使大众的碎片时间被信息洪流长时间地占用,也导致可展示有效信息的空间越来越小,大众的注意力也变得越来越稀缺。有研究显示,一百年前,我们注意力的平均持续时间在20分钟左右,而现在,我们注意力的持续时间已经减少到了9秒钟。现在的人就像骑着一匹急速奔跑的马来看世界,是名副其实的"走马观花"了。

手机移动互联网已经占用了用户的大部分时间,人的精力和时间都被分割成"碎片"。现在,越来越多的人不愿意把时间浪费在查找资料、等待广告等无效率的事情上,因此,在视频网站上,越来越多的人在看电影时愿意花钱去掉视频前面十几秒的广告,也更愿意花钱去学习特定的知识和内容。当大众的时间、注意力、精力都变得稀缺时,花钱就是为了节省筛选的时间,避免不必要的精力浪费。

时间的碎片化、注意力和精力的稀缺,使得传统的宣传传播形式变得越来越难被人接受。受众再也不是被动地接受信息,他们对自己关注和感兴趣的内容更加主动:在刷牙、等地铁的时间里,他们可以看完一篇文章,也可以在微信、微博上顺手转发、分享几条信息。这些变化意味着机关事业单位的宣传方式必须随着人群习惯的改变而改变。

过去,工业社会也标榜"顾客就是上帝",但那最多算是一种自律;在互联网社会,用户必须至上,你必须真心"讨好用户",因为用户的体验以及由此带来的口碑,在社交网络环境下是一种能够迅速带来实际价值和回报的资产,也是一种能够迅速毁掉产品或品牌的力量。懂用户,就是知道用户在想什么、想要什么,知道做什么、怎么做才能引起他们的兴趣,获得他们的认可。

2014年,中央全面深化改革委员会审议通过了《关于推动传统媒体和新兴媒体融合发展的指导意见》,提出"要强化互联网思维,坚持传统媒体和新兴媒体优势互补、一体发展"。互联网思维的本质是"用户体验为王",即以用户为导向,以提升体验为目标。具体到传统媒体,就是要从"内容为王"转变为"信息服务为王",从"机关事业单位思维"转变为"公司思维"和"商业思维",从"内容基因"转变为"技术基因"。"在信息稀缺时代,单纯的内容就能够吸引读者和受众,而互联网的海量空间使得信息从稀缺变为过载,在这种情况下,单纯的内容已经难以形成商业闭环,实现商业价值,这就需要转变为集内容、技术、渠道于一身的信息服务为王。"具体到机关事业单位融媒体报道的工作文案写作上,具备"用户思维",就是不要用自己的脑子思考,而是要钻进用户脑子里,找到应该说的话,要让用户在碎片化时间中被标题、文章主题快速吸引,在内容上要有代入感,能够持续吸引人读下去,与此同时,还需要让用户对宣传内容有认同感和信任感,进一步提升用户对机关事业单位的好感度。

这也是融媒体宣传报道写作与传统报道之间最主要的区别。作为机关事业单位融媒体部门的工作人员,在写各类工作文案的过程中,需要时刻问自己两个问题:

第一,用户看到我写出来的文案,会调用什么认知、记忆、情绪来理解?

第二,用户看完之后,会产生什么样的心理感受或者得出什么结论?

第一节　官方网站会议报道模板

　　会议类新闻通稿是工作中最常写的,结构是最严谨的,语言逻辑要求也是最高的。这种新闻稿往往要求作者将会议精神融入新闻稿件中。从表面上看,会议消息是所有新闻稿件中最容易写的一种,其格式固定,文章不长,不用采访,大量引用领导讲话的内容,大段摘抄文件等会议材料,加上重要人物。文章的确不难写。

　　最常见的会议新闻模板有以下三类。

- 某年某月某日(会议名称)在(地点)召开,由(主办方)主办/(承办方)承办的(会议名称)在(会议地点)正式举行。该活动是为了(会议目的)。(参会人员与头衔)出席了本次大会。会议由(主持人)主持。

　　(致辞人与头衔)就(什么问题)做了精彩致辞,提出(什么观点)获得大家一致肯定。随后(名字与头衔)就(什么问题)进行了发言,认为(主要观点)。紧接着(依据会议议程进行大致描述)。在会议上,(名字及头衔)还就(会议主要亮点)做了详细的介绍及展示,与会人员纷纷表示(与会人的态度,通常是对亮点的肯定意见),在(某)方面达成了初步战略意向,还就(某内容)进行了分析和展望,表达了充分的理解和信心。

　　本次会议在大家的一致好评中落下帷幕,这是一次(会议意义)的会议,标志着……,提升了……,打造……,从而对……起到了推动作用。

- 会议认为,……工作取得显著成绩和进步,……改革迈出重大步伐,……持续快速发展,……领域对外开放稳步推进,……监管得到加强,……秩序明显好转,……在我国经济社会发展中发挥了重要作用。我们要认真总结……

改革发展积累的成功经验,同时也要清醒地看到当前……领域存在的矛盾和问题,充分认识……改革发展任务的重要性和艰巨性,坚持不懈地做好各项……工作。

会议指出,当前,我国全面建成小康社会取得了决定性进展和历史性成就,已经进入决战决胜阶段。我国……领域面临着新情况、新问题,国际……发展也出现了新趋势。切实做好新形势下的……工作,全面推进……改革,促进……业持续健康、安全地发展,对于实现国民经济又好又快地发展、构建社会主义和谐社会,具有十分重要的意义。

会议强调,今后……工作的总体要求是,以习近平新时代中国特色社会主义思想为指导,全面落实科学发展观,坚持以……改革开放和科技进步为动力,着力推进现代……体系和制度建设,着力提升……创新能力和服务水平,着力提高……运行效率和……企业经营效益,着力加强……调控和监管,着力维护……稳定和安全,显著增强我国……的综合实力、竞争力和抗风险能力,促进经济、社会全面、协调、可持续发展,充分发挥……对加快推进社会主义现代化的重要作用。

- ……召开……会议(一般会议)

为……(会议目的)或根据……(会议目的),某月某日(会议时间),……(会议主体)在……(会议地点)召开……会议(会议名称),……(出席会议的领导职务、姓名)出席会议。会议由……(会议主持人职务姓名)主持。

与会人员就……进行了研究讨论(会议内容)。

……(领导职务姓名)在会上做了讲话或就……提出了要求(分条目罗列领导讲话要点和要求、指示)。如领导未做讲话和指示,则应概括、总结会议取得的主要成果、达成的共识或要求。

此次会议的召开……(会议意义)。

来自……单位的共多少人参加了会议(参会人员)。

但是,在"互联网+"风起云涌之时,微博、微信等新媒体和传统媒介深度融合的时代已然到来,在表面上看来最好写的会议消息要写出新意、让读者喜欢,实际上是很难的。会议报道在机关事业单位的稿件中所占的比例不小,如何跳出会议,运用互联网思维,在稿件采写时注重"用户体验",把常规会议报道写活、写深,一直是机关事业单位在媒体融合时代赢取年轻读者的

"突破口"。

很多会议新闻注重渲染和交代开会的场面及其程序,而不是从读者的角度报道他们欲知、应知而未知的重要信息。会议新闻缺乏吸引力,与其政治话语不无关系。如在会议新闻中,经常可以看到"指出、强调、总结"之类的政治话语,还有八股式的"隆重召开、胜利闭幕、关键的大会、胜利的大会"等,以至于有的学者把这些称为"报道的模式化、礼仪化",所以,很多记者就套用固有的模板去写会议新闻,例如:xx时间xx地点召开了xx会议,与会领导有xx,xx作了重要讲话……在大型会议报道中,机关事业单位的融媒体中心如何采用"互联网＋传媒"的多种创新方式从"新闻富矿"中挖掘"黄金",是机关事业单位的宣传部门提高核心竞争力的关键所在。面对海量的会议信息,如何化繁为简,在新闻策划、栏目设置、稿件采写、宣传方式上进行创新,向读者呈现耳目一新的新闻大餐？正确的做法是大力弘扬"点",巧妙兼顾"面",既满足大多数读者的阅读兴趣,又充分照顾会议主办者的要求,"亮点""活鱼"一起抓,"富矿""贫矿"都开发。

一、采写内容"三忌"

由于会议一般都比较长,内容繁多,因此要写出短小精悍、耐人寻味的会议新闻,首先要做到"三忌"。

"忌长"。有人曾做过调查,对于长篇大论的会议消息,没有看完或根本不看的被调查者约占七成;但简短的会议消息,看完或基本看完的约占七成。可见,简短的会议消息才是读者所喜欢的。

"忌空"。会议难免要讲"道理",所以会显得"空"。会议消息不能写成空洞的理论文章,这是由消息的新闻定义所决定的,必须写新闻的"事实"。

"忌细"。对新闻事实进行要点的交代,是消息写作的基本要求,不能事无巨细,通通写上。眉毛胡子一把抓,使读者看了半天也不知所云。对新闻素材一定要有所选择,注意新闻素材的典型性,对会议内容要有所选择。

二、写出"实"的会议内容

第一,对工作会议应注重内容而不是形式,需要的是从"会海"中捞"活鱼",从中挖掘最新、最有价值的新闻信息,不求其全,择要而写,这样才能跳出会议报道的陈旧模式。对于会议本身,没有必要直接地去描述它。如果要说起这个会议,最多只用附带地提一下消息来源于这次会议。

第二,记者要吃透会议精神。习近平总书记在党的新闻舆论工作座谈会上,对新闻工作者提出要求,要"努力推出有思想、有温度、有品质的作品"。"有思想、有温度、有品质"是检验新闻作品的重要指标。采写"有思想、有温度、有品质"的新闻,永远是党的新闻工作者安身立命的根本。在会议上,领导报告的内容非常多,只有吃透会议精神,才能从中选择最主要的、读者最关心的信息来落笔。有人说,写会议新闻稿时,屁股坐在领导的位置上,体现的是较浓的宣传味;坐在老百姓的位置上,体现的就是新闻性。报纸要让领导与群众都满意,记者在写稿时就必须找到两者的结合点。

第三,要善于了解会议的背景。每次会议的召开都有一定的背景,这些背景材料往往不受重视,其实,背景材料可以帮助记者把会议消息写活。新华社的著名记者郭玲春写的会议新闻往往包含大量的背景材料,把领导讲话中最关键的几句用直接引语引出来,使报道的内容更为深厚,主题更为突出。

三、在"特"字上下功夫

写会议新闻,要求记者或通讯员抓住会议的特点、找出会议的特征、分析会议的特殊性。写特点,就是要研究会议中独特的东西。在写作时,要抓住那些既反映会议特点又为群众所关注的内容来写出独家新闻,给新闻赋予鲜明的个性特征。对于会议程序和名单,应尽量不写或少写。空洞的表态和重复的内容要舍去,尽量反映那些群众欲知而不知、求知而没得、想干而无方的问题。

第一,选活的事实,用活的材料。要写活会议新闻,除重大的会议外,在一般情况下,要避免大段抄录会议材料。有经验的记者在参加会议时,善于捕捉在会议过程中出现的生动而有趣的"活材料",往往有独到的发现。

第二,最大限度地去挖掘、发现有价值的事实。一篇新闻可以从不同侧面反映几个不同的主题,应选取那些最新鲜、最有特色、最能拨动受众心弦的角度来报道,要对参与会议的相关人员进行深入、细致的采访。结合参会者的个人体会,更加生动、具体地探讨会议的意义所在。此外,对在会议中所了解到的具有新闻价值的线索,要不仅仅满足于会议举办者所提供的材料,还要顺藤摸瓜,围绕相关主题,做好链接新闻报道,使报道的视野得到拓展、内涵得以深化。

第三,注重服务性,以现场短新闻取胜。在大会开幕前,可采用图文并茂的方式发稿,梳理出大会重点活动、会场介绍等,让广大市民足不出户就能纵览全场。同时,狠刹"长尾风",最长的稿件不超过1500字,突出信息量,增加现场短新闻,增强贴近性。

第四,从细节入手,小切口引入大主题。在大主题稿件采写时,往往因题材太宏观、不接地气而显得"高大上",所以在重点稿件采写时,可以从小切口引入大主题。比如,从一个参会者的角度去反映整体风貌,采用现场白描的手法刻画形象生动的人物,这样的稿件可读性就比较强。在采写时,还可以精心谋篇布局,注重点面结合,抢抓新闻现场"活鱼",全方位、多角度地进行立体刻画。

第五,灵活运用多种版面语言,文图并重、相得益彰。会议的文字报道往往因政治性较强而易使读者产生疏远感,适当地利用图片、图表形象地解读权威信息,符合年轻读者的碎片化阅读习惯。研究表明,读者在进行文字阅读时,需要投入更多的专注度和时间,所以如果只有大量的文字,读者会产生阅读疲劳。在新媒体中,一则新闻往往采用吸引人的标题及图片,文字描述较少,并穿插视频、图片等,所以会在第一时间吸引受众。在媒介融合的大背景下,机关事业单位的融媒体中心应合理运用新媒体,提升内容的吸引力与易用性,形成差异化的版面风格。"纸质报纸、官方网站可以简化文字描述,以高质量的图片等形象元素对高价值新闻进行深入剖析、学习,这样不仅能够提高新闻的关注度,还能够大大提高转载率。"

面对蓬勃发展的新媒体,机关事业单位与其坐等冲击,不如主动冲浪。在媒体融合的大趋势下,机关事业单位的融媒体中心要掌握不同媒介的传播特点和规律,充分利用移动互联网、云计算等新技术来调整自身的生产流程、报道模式和产品样式,强调"用户体验""社交性"与"社群化",生产出能与用户"建立联系"的产品,以最小的成本达到最大的传播效果,迎合媒介融合时代的用户需求。

在"互联网+"模式下,机关事业单位的融媒体中心必须运用互联网思维,用"好的内容点、好的技术支撑、好的用户洞察",去呈现新媒体环境下的每一次社会脉动,在信息大爆炸的时代充当"舵手"和"眺望者"的角色,实现"凤凰浴火而新生",把会议报道的劣势转化为吸引受众、体现机关事业单位核心竞争力的优势。

第二节　微博互动模板

虽然社交应用平台的人群均有一定的特性,但每个媒体都有自己独有的特征和传播方式。微博仅用数年时间就实现了传统媒体数十年甚至数百年的用户积累,兼具媒体与社交功能,集合了手机短信、社交网站、博客和即时通信工具四大产品的优点。它将播客、博客、社交网站整合为一体,并能够与手机终端以及诸多即时通信工具实现无障碍对接。微博体现了不同于其他媒体的鲜明的传播特性,主要表现在以下八个方面:

融合性。微博是媒体融合的一个典型代表。它不仅融合了文字、图片、语音、视频等传播元素,而且打通了传播渠道的融合之路——手机、计算机都成了微博信息传递的工具,电信和互联网在微博业务上实现了互通。

草根性。Twitter的创始人之一伊万·威廉姆斯认为,Twitter让世界进入了一个"人人都能发声,人人都可能被关注的时代","即使再庞大的新闻媒体,也不会像Twitter一样在世界各地拥有众多新闻记者"。微博实现了草根阶层拥有自己的媒体和像专业媒体人员一样发言的愿望。

便利性。首先是使用微博的技术门槛低。不仅字数简短,文字表达随意,而且注册简单。只要会发短信,就可以通过个人微博"随时随地分享身边的新鲜事儿"。其次是微博设计界面友好,实现了多种传播终端和发布方式的创新整合。微博用户可以通过互联网、客户端、手机短信或彩信、WAP等多种手段发布和接收信息。微博信息真正实现了"4A"发布,即Anytime(时间不限)、Anywhere(地点不限)、Anyway(方法不限)、Anyone(主体不限)的便捷特性。

及时性。特别是在各种突发性事件中，微博的及时性表现得出类拔萃。微博不仅在第一时间向网友发布了很多一手信息，甚至成了一些专业记者发现新闻报道素材的信息源。有关资料显示，2008年11月印度孟买的恐怖袭击事件、2009年6月迈克尔·杰克逊的死讯，都由Twitter首发。在国内，2008年汶川地震后，Twitter上出现第一条关于地震的消息比彭博社、路透社等通讯社的电稿都要快。拉登之死的消息，也是由美国前防长的参谋长用手机抢先通过微博发布的，比美国总统奥巴马的电视讲话早了12个小时。

独特的互动性。微博提供了关注（收听）、转发、评论、回复、私信、对话、邮件分享等互动功能，用户可以用文字，也可以用"表情"，还可以用"@"提醒和转发来实现各种形式的互动。微博不仅互动性强，而且互动方式独特。有人将微博的互动方式总结为"背对脸"的"创新交互方式"，"与博客上面对面的表演不同，微型博客上是背对脸的交流，就好比你在电脑前打游戏，路过的人从你背后看着你怎么玩，而你并不需要主动和背后的人交流。可以一点对多点，也可以点对点"。这种互动方式总体上带有很强的灵活性和非强制性，同时也因为粉丝或听众的逐级转发而具有很强的扩散性和多样性。

碎片化。随意化、情绪化的表达使微博内容呈现出很强的碎片性。据调查，在Twitter上，有40.55%的内容属于"我在吃三明治"之类的无意义的嘀咕，关于个人琐事的信息占据Twitter传播内容的80%以上。

多级裂变性。微博内容通过众多粉丝的多级转发放大，使得微博的传播方式呈现出多级裂变的特征。微博的这种裂变式传播不同于传统的点对点、点对面的传播，而是逐级裂变、不断加速的传播。一个人的微博可以被其"粉丝"转发，再被"粉丝"的"粉丝"转发，不断裂变蔓延、加速放大。

黏合性。微博的交流方式是基于单向关系的多层面交流，这种交流不光是信息交流，更多的是情感交流。这种情感交流虽然带有很强的虚拟性，但是给沉浸于虚拟世界的人带来了心理上的满足。影视明星的数量庞大的粉丝身上也可以反映出人们对虚拟情感交流的热衷。这种基于单向关系的多层面的情绪、情感和信息交流，使得微博具有很强的黏合性。

微博的这八个特性，决定了机关事业单位的融媒体中心在运营官方微博时，要想通过微博为目标人群解决困难、处理问题、传播特定价值观，赢得公众好评，树立品牌形象，就必须注重与大V、粉丝就热点话题进行互动。

要通过主动设置话题、参与相关话题的讨论、开展活动等形式,维护和扩大关系圈,培养"粉丝型受众"。加强内外部体系的互动,内部互动体系主要指在官方微博、子栏目微博和编辑、记者等工作人员的个人微博帐号之间建立和形成良性的互动机制和有效的互动方式,外部互动体系主要指在相关机关事业单位、大V的微博、其他媒体微博、广告主微博和粉丝微博之间建立和形成良性的互动机制和有效的互动方式。通过多方交融、互动,形成"微博矩阵",最终对受众产生实际影响,扩大机关事业单位官方微博的影响力。机关事业单位的融媒体中心在官方微博的互动中,必须提升粉丝的参与感和共鸣感。

一、参与感

问题1:如何让粉丝乐意参与你发起的话题?

第一种技巧是将话题抛给粉丝,让他们接话。

蔡康永曾说过:"聊天时,每个人都想聊自己,尽量别让自己说出'我'字。跟朋友聊天10分钟,每次想说'我'字时,都改成'你'字或'他'字。你会发现在这10分钟里面,本来不断说着'我昨天……''我觉得……''我买了……'这些句子的自己,忽然变成一个不断把话题丢给对方,让对方畅所欲言的、超级上道的人!"

提出一个生活中的问题,让粉丝接话,这是@衣锦夜行的燕公子在微博中引导用户参与的技巧。例如:

九宫格火锅的意义到底是什么?九个格子底下居然是通的。我原来一直以为九宫格是九个格子有九种不同的口味!如果底下是通的,九个格子没有任何区别,那为什么要做成九个?是不是我涮的肉放在横一竖二、你涮的香菇放在横二竖三,大家互不侵犯?

点赞数最高的粉丝评论如下:

@果儿证书:难道不是为了下棋吗?三个连一块,对方就不能吃了!

@宫楚石:九个格的辣油可以放得不一样多,油浮在上面,懂?

@老曹不是甘斯特:三个格子放一样的会消掉。

@打满鸡血又是新的一天:方便找东西啊,在一格里面捞跟在一锅里面捞,哪个快?!你要节约每分每秒,确保每一筷子下去,夹上来的都是你想要的。

第二种技巧是给用户出题。出题的优势是粉丝的参与门槛低,这时候,作者要扮演答题类节目《开心辞典》里的王小丫的角色。

给粉丝布置排序题是@衣锦夜行的燕公子的套路,比如:

股票亏了,

偶像恋爱了,

想买的衣服下架了,

胖了,

长痘了,

信用卡账单来了,

按心痛程度排一下。

第三种技巧是"出糗我先来",这时候,作者要扮演《康熙来了》里的陈汉典的角色。

某知名微博账号长期征集粉丝"出糗"的经历,让大家一起"幸灾乐祸",比如,创业失败的搞笑故事、最丢脸的醉酒经历、和爸妈的微信聊天截图、黑暗料理、被父母坑的经历、难忘的相亲经历、说谎被戳穿的尴尬体验、因名字闹过的笑话、手机里最搞笑的照片等。为了让粉丝踊跃爆料,该博主会在活动开始征集时,先说自己的奇葩经历,比如:在昨天的"周末故事"里,我不是让大家选了最喜欢的配音吗?猜猜我是什么情况?我就是得票最少的那一个。没关系,别安慰我,我完全没哭……我只是多吃了5份小龙虾安慰自己而已。咱们还是来2个征集吧。

今天在海口参加一个活动,其中有两分钟直播。本来就胖的我,上了镜之后,简直就是一只正版的猪头。我被自己吓傻了……我真的必须做出改变……以后还是……尽量不出镜了……好吧,今天来3个征集。

问题2:如何让陌生人愿意参加你发起的活动?

"新世相"公众号的主理人张伟吸引用户参与活动的办法有三个:"一是有利可图,二是有意思,三是参与这件事情可以获得共鸣感。"通过"营造共鸣感"吸引用户参与活动,是张伟认为最高级的一件事。对此,张伟的秘诀是:"第一,了解人群,了解城市生活里的欲望和焦虑;第二,用一个办法推动他们行动;第三,建立一个价值观共同体。"

例如,"新世相"发起的"4个小时,逃离北上广"活动——主办方"新世相"给用户准备了30张往返机票,只要你是前30个赶到机场的人,就送你一张往返机票,前往一个未知的目的地。张伟总结这次活动的最成功之处是提出了"共同行动人"概念:"有了共同使命感之后,大家就会觉得自己对完成这件大事负有责任,而且觉得自己小小的努力真的可以完成一件大事。读一下新世相公众号里的文章或者跟别人讨论一下文章的内容,购买某个品牌的东西,每天做一件很简单的事情,让自己变漂亮一点……就算大事,个人的大事也是关乎整个社会品位和审美的大事。"

二、共鸣感

某公众号的主理人说:"传统写作是写'我',写我的体验、我的喜怒哀乐;而现代写作,写的是对共鸣的感知。"那么如何让你的文章引发读者的共鸣呢?有以下三个技巧。

技巧1:抚慰平凡人的心灵

"新世相"公众号的主理人张伟对于"创造共鸣感"的经验:"一个好的公众号,首先要能触摸到那些日常生活中的困惑,植入最平凡的生活场景。我觉得一个公众号要做的就是不断地去陪伴、去抚慰用户,通过各种方式,去跟人们谈论这些在日常生活中反复出现的话题。新世相的后台经常有很多人发来问题,表达困惑和痛苦,这么久以来,我看到的基本上就是哪个人不爱我、跟哪个人分手了、我的父母不理解我、我不知道下一步该怎么办、我的梦想无法实现,真的只有这几种。你可以想想,自己的生活状态、生活经历,你每天的痛苦或者喜悦是不是也就是这些,每天要经历的生活场景是不是也就是这些。如果是的话,那么就可以相信,这个世界上的大多数人和你是一样的。不管一个人的地位是低还是高,他基本上都会被这些情感和生活场景所包围,所以在做一个公众号的时候,你可以不停地植入这些场景,不停地触及这些情感。这个公众号就会被人们记住,被人们需要,而且会被人们反复地需要,这样就会达成一种非常好的陪伴效果。"

@衣锦夜行的燕公子同样擅长通过抚慰平凡人而引发共鸣,例如,@衣锦夜行的燕公子发过这样一条微博：

我一点儿都不漂亮，可能你也一样；我从没考过第一名，可能你也一样；我唱歌走音、画画不及格、800米中长跑没达过标，可能你也一样；我曾经加班没有加班费、替老板背黑锅，可能你也一样；我曾被男朋友骗钱，还被他甩了，可能你也一样；我减肥从未成功，吃素无法坚持，可能你也一样。我到今天还没被打倒，可能你也一样。

技巧2：创造"天啊"时刻

《跟TED学表达，让世界记住你》一书将演讲者在演说中点醒听众：张大嘴巴，对自己说"天啊，我懂了"的这一时刻称为"天啊"时刻。不少自媒体作者也创造了这种"天啊"时刻，例如，不少文案从业者看了"李叫兽"的文章，如《月薪3000与300的文案区别》《你为什么会写自嗨型文案》，就会产生"天啊，原来是这样"的共鸣感。

技巧3："意见领袖"声援粉丝

"李叫兽"公众号的主理人李靖在《领导口中的"共鸣感文案"，到底是什么？》一文中写道："引发粉丝共鸣的重要方法就是发现用户过去的某种阻碍因素（如被误会、被不公正对待等），然后提供帮助（如支持、批判、反击、鼓励等）。"

作为意见领袖，发现用户的某种阻碍因素，声援粉丝，是让用户产生共鸣的技巧之一。

例如，某公众号支持粉丝的热门文章：

《我不是高冷，我只是不爱说话》

《我不忙，但不想为你浪费时间》

《我一个人活得好好的，为什么要结婚？》

《矮子们快来幸灾乐祸！原来长得高也很凄惨啊！》

又如，某公众号帮粉丝反击的热门文章：

《你对我妈那么渣，你算什么好爸爸？！》

《让孩子完成你的梦想，你干吗去了？》

《我借钱给你，我有错吗？》

《又一个明星跟粉丝对喷，干得漂亮！》

技巧4：利用热门话题及节日打情感牌

热门话题营销是一种借势营销，凭借话题的高关注度来进行产品或服务的宣传，可以快速获得受众的关注，但不是所有的热点都要跟：愉悦的热点大部分大V都会追；有争议的，甚至是负面的热点，尽可能不追，以防损害机关事业单位的形象。

逢节假日，甚至是二十四节气，各大V都会利用消费者的过节心理，结合自身的品牌形象及产品，推出对应的节假日营销活动或文案。这不仅可以传达品牌的内涵，加强与用户的情感联系，还能增加品牌的曝光度。

做节假日营销文案或活动，关键在于找到节假日元素与目标人群的需求之间的契合点。

1. 节假日元素及情感

如春节，相关的元素会有大红灯笼、传统的剪纸窗花、鞭炮、春联、红包、喧闹的音乐、温馨的年夜饭等，而相关情感则会包含回家团聚的快乐、备年货的烦琐细碎等。

2. 目标人群需求及情感

不同的人群，需求点和情感会略有不同，如刚毕业不久的人对第一次回家过年的期待，工作多年的人因为回家少而自责，甚至大龄青年在春节回家时可能还会面临催婚的尴尬等。

3. 自身元素及相关卖点

找出机关事业单位的特点与节假日的元素、情感之间的契合点，以及与目标人群的相关需求及情感的契合点是非常重要的。

第三节　微信公众号软文模板

　　传统媒体的受众处于被动接收的状态,当你在看电视或读报纸时,只能选择看与不看,无法决定看什么内容。随着新媒体的发展,受众(网友)有了主动选择的权利,面对APP推送的消息、微信朋友圈的文章等来自不同渠道的信息,网友可以自由选择,只看自己感兴趣的内容,接收活动已经由强制被动转变为自愿主动。因此,与传统的宣传方式不同,无论机关事业单位的宣传目的是提升口碑效应还是达到特定的宣传目标,新媒体文案都必须围绕互联网用户进行设计。

　　创作微信公众号软文之前,你需要了解网友的浏览行为——启动计算机或打开手机后,每天会有大量的文章映入眼帘,你要学会站在网友的视角,思考他们会如何选择要看的文章。一般而言,网友决定阅读软文并持续阅读下去,有四个步骤:

　　第一步,看标题。无论是浏览微信朋友圈、查看微博热门话题榜,还是看新闻网站,最先看到的肯定是标题,网友只会对与自己相关的标题感兴趣。比如,对于一个大学生而言,他感兴趣的是"研究生考试技巧""求职资讯""实习经验",而不是"育儿宝典""小学语文学习方法"等标题。

　　第二步,看开头。当发现感兴趣的标题后,网友会点击标题,进入正文。对于毫无吸引力的、与标题不符的开头,网友会直接关掉页面,停止浏览。

　　第三步,读正文。好的文案会吸引网友不断向下阅读,一段一段往下翻看,直到结尾。

　　第四步,"做动作"。读完文章后,网友会根据自己的主观感受,做出相应的动作。读到有用的文章,如"PPT实战技巧""互联网个人品牌攻略"等,会收藏起来;读到好玩的文章与最新的资讯,如"狮子和老虎打架谁能赢""下周机动车限号通知"等,会转发到朋友圈;读到说服力很强的文章,则会点击链接并购买相关产品。

微信公众号软文内容的设计,实际上也是围绕以上的浏览步骤展开的。为了在"看标题"这一步就让网友感兴趣并点击进入,你需要设计富有吸引力的标题;为了避免网友关掉页面,降低跳出率,你需要设计开头与正文;为了引导网友在阅读文章后点赞,并转发或购买产品,你需要设计结尾。

因此,机关事业单位融媒体的微信公众号的软文内容设计应从标题、架构、开头、结尾四大模块着手。

一、微信公众号软文的标题拟定

(一)微信公众号软文的标题设计思路

新媒体的浏览主动权已经转移到了网友手上,普通网友面对大量的信息推送,浏览时间有限,只能选择感兴趣的话题进行阅读,因此,吸引人注意的标题越来越重要。同样的正文,不同的标题的效果会相差十倍以上,自媒体人咪蒙曾分享:"我拟定标题的时候,要花上一个小时来反复修改,甚至推倒重来。"每一篇爆款的新媒体文案,都需要撰写人对标题进行反复设计与优化。

微信公众号软文标题的拟定,可以从吸引力、引导力、表达力三个维度进行思考。

首先是吸引力。线上看文章与线下逛商店类似,当你在商业街漫步时,你感兴趣的通常是门头设计有趣、橱窗内的商品一目了然或迎宾态度亲切的店铺,线上网友的阅读也是这样,网友不会逢文便读,只会阅读自己感兴趣的内容。因此,你的标题需要吸引人的眼球,当你的标题与其他作者的标题同时出现在微信订阅号上时,你的标题要能够引起读者的关注。

其次是引导力。吸引人注意的标题能让网友感兴趣,但是让网友感兴趣之后,还要激发网友点击,并开始阅读。实际上,好的标题不仅能吸引网友的注意,还能引导网友点击标题,浏览正文。

最后是表达力。大卫·奥格威曾表示,80%的读者只看广告标题、不看内文。实际上,这句话对新媒体文案的标题来说依然适用。

即使网友没有点击进入正文,他们也能借助好的标题快速感知你想要传递的信息。比如,在"2016年最后一场线上分享,秋叶大叔在知乎Live等你"这一标题中,你可以得到以下四个信息:秋叶大叔要分享、分享是在线上、分享平台在知乎Live、2016年的最后一次分享。

需要注意的是,微信公众号的文章标题要与内容相呼应,不能过于"标题党"。涉黄涉毒、歪曲事实、断章取义,甚至制造假新闻,有可能触及法律红线。

(二)微信公众号软文的标题拟定方法

常见的新媒体文案标题的拟定方法如下:

1. 数字化

数字化标题,即将正文的重要数据或本篇文章的思路架构整合到标题中。数字化标题一方面可以利用吸引眼球的数据引起读者注意,另一方面可以有效提高读者阅读标题的效率。

举例:

10个容易被忽略的Excel小技巧,超实用!

如何读书,消化这5条就够了!

4个微信小技巧,职场人一定要学好!

2. 名人化

互联网世界,信任先行。据统计,绝大多数网友会考虑好友推荐的产品,其次是专业人士,最后是陌生人。换而言之,如果身边没有朋友买过某产品或看过某文章,网友会出于对专业人士及名人的信赖,而相信他们的观点或推荐。

因此,如果你的正文中涉及专业人士或名人的观点,那么可以将其姓名直接写入标题中。

举例:

- 读书PPT:向杰克·韦尔奇学商业管理。
- 秋叶:如何从单杠青年到斜杠青年?
- 马云谈雾霾:希望我真是外星人,能逃回我的星球。

3. 历程化

真实的案例比生硬的说教更受欢迎,在标题中加入"历程""经验""复盘""我是怎样做到"等字眼,可以激发网友对真实案例的兴趣。

举例:

- 仅次于papi酱,XX排名全国网红NO.2之心路历程。
- 去年我还在山西挖煤,今年他们叫我动画小王子。
- 我如何把网络课程卖出1000万元?

4. 体验化

体验化的语言,能够将读者迅速拉入场景,便于后续的阅读与转化。

每个人所处的环境不同,看文章的心情也不同。为了引导读者,你需要为他们营造场景,比如,可以在标题中加入体验化的语言,如"激动""难受""兴奋""不爽"等情感类关键词,以及"我看过了""读了N遍""强烈推荐"等行为类关键词。

举例:

- 一段小小的视频,上百万人都看哭了!
- 这一位很厉害的强迫症人士,我一定要推荐给你!

5. 恐惧化

读者会关注与自己相关的话题,尤其是可能触及自己利益的话题。如果正文内容涉及读者的健康、财物问题等,可以尝试恐惧化的标题,让他们产生危机感。

举例:

- 一上班就没状态?这是病,得治!
- 如果你不在乎钙和维生素,请继续喝这种豆浆!

6. 稀缺化

超市在某商品上方挂出"即将售罄"的牌子后,通常会引来一波哄抢。"双11"电商平台的销量逐年上涨,也是由于平台商家约定"当日价格全年最低"。

对于稀缺的商品或内容,读者普遍会更快地做出决策,直接购买或点击浏览。因此,微信公众号文章的标题也可以提示时间有限或数量紧缺,促使读者阅读正文。

举例:
- "和XX一起学PPT"课程马上涨价!全新升级!
- 快领!京东购书优惠券明天过期!
- 这篇文章过了今晚就删除,不看亏大了!

7. 热点化

体育赛事、节假日、热播影视剧、热销书籍等都会在一段时间内成为讨论热点,登上各大媒体平台的热搜榜。如果文章内容可以与热点相关联,那么在标题中可以加入热点关键词,增加点击量。

举例:
- 不想当职场"邱莹莹",Excel这些快捷键必须会。
- PPTer版《后会无期》,各种戳,各种虐心。
- 里约奥运约不起?伊利喊你楼下小广场见!

8. 神秘化

脑白金在上市之初曾在媒体上投放《两颗生物原子弹》《人类可以"长生不老"吗?》等文章,引起关注健康的读者的兴趣,为日后的品牌推广打下良好的概念基础。实际上,微信公众号的文章也可以制造神秘感,吸引读者眼球。这是因为人类对于未知事物通常都有猎奇心理——越是神秘,越想探一下究竟。

拟定神秘化标题有两种方式。

第一,加入"机密""内幕""奥秘""小秘密"等词语,从字面上传达神秘感;第二,设计与品牌的日常文案有反差的标题,从语义上传达神秘感。

举例:
- PPT模板的秘密,统一风格才是关键。
- 阿文独家秘籍|如何快速玩转一个神器。
- 我和H5谈了场恋爱,要一起吗?

9. 模拟化

手机、平板电脑等移动设备会收到消息推送,包括版本更新提示、红包提醒、聊天消息提示等。基于移动端的新媒体文案可以在标题上仿照推送文字,以博人眼球。

不过需要注意,模拟化的标题不能高频使用。偶尔采用模拟化标题,可以增加幽默成分,让读者会心一笑,但经常使用会引起读者的反感,甚至影响品牌形象。

举例:
- [有人@你]圣诞老人来送礼,就问你要不要?
- [微信红包]恭喜发财,大吉大利!领取周末门票吧!

二、微信公众号软文的正文架构

写作新媒体软文的新手常常会纠结于文采的问题,认为自己没什么文采,写不好文章。实际上,微信公众号软文对文采的要求并不高,因为文章是写给老百姓看的,把意思写明白,让读者看懂即可。一个阅读量达到10万+、点赞量也过万的文章,其作者往往并没有吟诗作赋,也没有使用华丽的辞藻,只是把话说明白而已。

新媒体文案重要的不是文采,而是思路——你需要有清晰的框架思路,然后阐述清楚你的观点。

写作微信公众号软文的新手,可以尝试以下五种常见的框架结构。

(一)瀑布式

瀑布式架构,分为瀑布式故事架构与瀑布式观点架构。

瀑布式故事架构,先点明故事的核心要素,接着按照顺序,把故事的起因、经过、结果等环节分别讲明白。

瀑布式观点架构,先提出观点,指出某观点"是什么",接下来分析"为什么"和"怎么办",逐层推进,说明问题,如下表所示。

瀑布式故事架构	瀑布式观点架构
核心要素	核心观点
故事背景	观点阐述
故事起因	观点分析
详细经过	问题解决
故事结果	观点引申

瀑布式架构可以采用数字化、体验化或历程化的标题,以突出观点。

（二）水泵式

水泵式架构与瀑布式架构刚好相反——自下而上，先剖析观点或讲故事，最后提炼出文案的核心思想。与瀑布式类似，水泵式架构也分为故事、观点两大类别，如下表所示。

水泵式故事架构	水泵式观点架构
故事背景	观点阐述
故事起因	观点分析
重点经过	问题解决
故事结果	观点引申
结果升华	观点提炼

（三）沙漏式

沙漏式架构，指的是文章首尾呼应，开头提出核心观点，结尾对观点进行强调或升华。

开头：抛出观点；

正文：讲故事、解观点；

结尾：强调或升华观点。

沙漏式架构可以采用体验化或历程化的标题，以突出观点。

（四）盘点式

盘点式架构大多是由作者拟定小标题（盘点对象）并整合而成的，省去了网友"找素材、做总结"的步骤，节省了时间。因此，盘点类文章是最受网友欢迎的写作架构之一，这类文章一般采用如下架构：

开头

小标题1

内容

小标题2

内容

小标题3

内容

……

结尾

盘点类文章可以对产品进行盘点，可以对模式进行盘点，也可以对行为进行盘点。盘点类文章建议采用数字化标题，如《盘点8种PPT软件》《2016年的10大网络热词》等。

（五）并列式

并列式架构由三个以上相互无联系的部分组成，独立性强，从不同的角度对问题进行分析。

三、微信公众号软文的开头设计

微信公众号的开头具有承上启下的作用。一方面，开头要与标题相呼应，否则会给读者留下"文不对题"的印象；另一方面，开头需要引导读者阅读后文，好的开头是成功的一半。

开头通常需要具有激发兴趣、引入场景这两个特点。

激发兴趣，即利用图片、文字等吊足读者的胃口，使读者产生阅读的兴趣。当读者点击标题、进入文章后，发现开头索然无味，读者就会直接关闭页面，所以如果开头写不好，会浪费精心设计的标题。

不同的文案有不同的场景设计，因此需要在开头就把读者引入场景。通过故事、提问等方式，让读者了解本文想要表达的情感。

微信公众号软文的开头有五种设计方式。

（一）故事型

没人爱听大道理，最好讲个小故事。从读者的角度来说，读故事是最没有阅读压力的。故事型开头直接把与正文内容最相关的要素融入其中，让读者有兴趣读下去。

案例：

标题：

想勾搭男神/女神，先学会讲一个好故事

开头：

张小姐上周末从一场相亲联谊会回来以后，心情糟透了。

不是因为联谊会上的男士猥琐不堪，而是出现的一个白马王子被王小姐给"截胡"了。

同事：难道那姑娘是志玲姐姐么？

张小姐：不，王小姐是位护士，她介绍完自己后，男神就跟她跑了。

（二）图片型

正文以一张图片开始，可以吸引眼球，并增加文章的表现力。

使用一张好的图片，可以极大地延长读者目光的停留时间，并提升读者的阅读欲望。图片丰富了文案的表现形式。

（三）简洁型

如果你的标题已经写得很明白，那么开头就可以一笔带过，用一句话点题即可。

案例 1：

标题：

中国哪所大学的校区是 5A 级景区？

开头：

广西师范大学王城校区是 5A 级景区。

案例 2：

标题：

我今晚在斗鱼直播，你约吗？

开头：

晚上 9 点，我又要进行斗鱼真人直播了！

（四）思考型

思考型开头，通常是问句的形式。作者通过向读者提问，引导读者带着问题阅读后文。

案例：

标题：

为什么只有 5% 的人可以用个人品牌赚钱？

开头：

在网红时代，究竟什么样的人适合在网上打造个人品牌？没有基础的人利用工作之余在网上赚钱，需要做些什么？人人都在谈"互联网＋"，但企业网络营销的方法能否被个人所用？

有人说,"成功的方法有很多,失败的原因却很相似"。最近勾老师和一些曾经打算做个人品牌的同学进行了深度沟通,发现大家无法进行下去的原因,总结起来无非是以下五个。

（五）金句型

发人深思、一针见血的句子,被称为"金句"。在文章开头放入金句,可以直击人心,最能抓住人的注意力。

案例：

标题：

你迷茫个鬼啊,还不如去学PPT。

开头：

年轻人经常把一个词挂在嘴边:迷茫。我不喜欢自己的专业,我好迷茫啊！我不是名校出身,我好迷茫啊！

没有迷茫过的青春是不正常的,唯有经过挣扎,才能找到真实的自我。问题是有些同学以迷茫为借口,拒绝接受现实。

我的建议:这个时候,不妨去学点什么。

学点东西,心里就踏实一点,就像在攒钱似的。万一哪天真的被命运踢到深渊里,谁一定会救你？不知道。只有脑子里的知识,也许可以被编成绳索,带你脱身。

四、新媒体文案的结尾思路

让网友读完一篇文章,往往并不是微信公众号软文写作者的最终目标,微信公众号软文写作者的最终目标是通过文章引导网友做出其所期待的行动。

有的人看完文章后会大呼"太有才了",接着点赞并转发到朋友圈;有的人喜欢文章介绍的产品,会下单购买;有的人会把自己的感受或想法写在评论区;当然,还有的人会抱怨"看了半天原来是个广告啊",然后生气地关掉页面。

网友之所以会有以上行动,主要原因是文章结尾设置了引导。

微信公众号文章都有宣传目的,要么为品牌服务,提升机关事业单位的知名度和美誉度;要么为销售服务,推广产品并提升销量。因此,需要对文章结尾进行优化,鼓励读者做出相应的动作。

不过需要注意的是,你必须对各平台的规则有所了解,部分新媒体平台是严禁诱导转发行为的。如微信公众平台,只要文案包含"请好心人转发一下""转疯了""必转""转到你的朋友圈"等,一经发现,微信公众平台将短期封禁相关开放平台账号或应用的分享接口,对于情节恶劣的账号将永久封禁,所以得不偿失。

微信公众号软文的结尾,可以从以下四个角度进行设计。

(一)场景

结尾中融入场景,更容易打动人心。结尾设计的场景最好是读者生活中的场景。比如,在育儿的文章中,可以描述妈妈和孩子在一起的场景;在介绍办公软件的文章中,可以描述职场"小白"加班做PPT的场景。

案例:

以上PPT技巧,千万不要只是看过,而不去练习,否则,原本3个快捷键就能解决的事,你需要加班去完成。凌晨一两点,大家都在呼呼大睡,而你却一个人在空荡荡的办公室里做PPT,何必呢?

(二)金句

转发率高的文章,通常会在结尾写下金句,画龙点睛。金句可以帮助读者悟出文章要义,并引起读者共鸣,因此结尾带有金句的文章的转发率更高。常用的金句分为名人名言、原创经验两种。

案例1 名人名言金句结尾

居里夫人说过,"在捷径上得到的东西决不会惊人。当你在经验和诀窍中碰得头破血流的时候,你就会知道:在成名的道路上,流的不是汗水而是鲜血。成功者的名字不是用笔而是用生命写成的"。

案例2 原创经验金句结尾

每一个让你感觉到舒服的选择,都不会让你获得太大的成长;而每一个让你感觉不舒服的选择,会让你有机会开启与众不同的人生,找到更多的可能性。

从一个"PPT制作者"变为"PPT设计者",难吗?难。但是现阶段的你,连个PPT都征服不了,还谈什么征服世界?

做你没做过的事,叫成长。

做你不愿做的事,叫改变。

做你不敢做的事,叫突破。

做你不相信的事情,叫逆袭!

(三)提问

在结尾进行提问,一方面,提问力度比正面陈述的大,可以引导读者进行思考;另一方面,可以在末尾提问后,发起互动,加强读者的参与感。

案例:

在今天的留言区说说你过去做了或者经历了哪些事,让你不再那么"玻璃心"?

(四)"神转折"

"神转折"结尾,即用无厘头的逻辑思维,把两个八竿子打不着的事联系起来,在结尾用三言两语将前文所营造的氛围破坏得一干二净。"神转折"有一种强烈的反差感,读者愿意读,自然也有利于网络传播。

案例:

正文梗概:

女主角的手机通讯录里存着已故前男友的号码,她老公知道,却装作不知情。有一次,女主角出了车祸,在翻倒的车里,她下意识地拨出了那个号码,但话筒里传来她老公的声音。她老公告诉她:"是我替换了号码,我知道我无法取代他,但我可以替他来保护你。"

文章结尾:

不到5分钟,她老公赶来,开着挖掘机把压在女主角上方的汽车挪开,女主角获救了。她老公是XX挖掘机培训学校2000年毕业的学生,该学今年的招生计划是……

第四节 抖音、快手短视频案例

随着互联网信息技术的快速发展,推进政府及行政部门的办公网络化、电子化以及互联互通的全面信息共享,已是大势所趋。同时,伴随移动社交形式的升级,在微博、微信的常规态势下,短视频渐渐成为继图文、声音之后的又一个社交风口,而抖音、快手正是这场潮流的引领者。

2017年10月,《国务院办公厅关于进一步加强政府信息公开回应社会关切提升政府公信力的意见》发布,该意见从平台建设、机制和保障措施等方面提出意见,要求各地区各部门积极探索利用政务新媒体,及时发布各类权威政务信息,尤其是公众密切关注的事件和政策法规方面的信息,并充分利用新媒体的互动功能,以及时、便捷的方式与公众进行互动交流。同时,该意见中还明确要求加强政府信息的网上发布工作,以数字、图表、音频、视频等方式予以展现,使政府信息传播更加可视、可读、可感,进一步增强政府网站的吸引力、亲和力。

2018年2月,中共中央政治局召开会议,习近平总书记强调要"完善信息网络服务管理,营造良好社会环境"。党的十九大报告指出,要"全面认识工业化、信息化、城镇化、市场化、国际化深入发展的新形势、新任务,深刻把握我国面临的新课题、新矛盾",说明中央对信息化给予了高度的重视。

2018年8月,抖音在北京举办政务媒体抖音号大会,联合包括生态环境部、国家卫生健康委员会、国务院国有资产监督管理委员会等在内的11家政府、媒体机构,正式发布"政务媒体号成长计划"。该计划将帮助政府、媒体与有专业短视频生产能力的机构进行对接,通过培训教学、制作内容等方式,提高政府媒体在抖音上的内容生产能力,弘扬主旋律,传播正能量,为广大网民特别是青少年营造一个积极健康、营养丰富、正能量充沛的网络视频空间。

根据"2018年9月政务抖音号排行榜",截至2018年9月30日,3152家政府机构完成抖音号认证,累计视频播放量达660亿。

在中华人民共和国成立70周年的阅兵典礼上,目前短视频行业的佼佼者抖音和快手开设了专题模块,让用户能通过直播观看阅兵典礼。抖音的"一起看阅兵"相关视频的播放量达到11.9亿,而在快手上,已有8000多个政务号、媒体号入驻,其中"央视新闻"快手号在阅兵当日进行了长达70个小时的转播,观看量累计超过10亿,同时在线人数最高突破600万。

2019年7月,外交部正式入驻抖音,开通"外交部发言人办公室"抖音账号,广大网民纷纷"加关"并为其点赞。除外交部以外,还有许多政府机关、部门活跃在抖音平台上,以更亲民、更接地气的形象与网民进行互动,将线上信息与线下活动紧密结合,更好地发挥了动员、组织和宣传的作用,拉近了干群关系,增强了影响力。在抖音里,搜索账号就能找到例如国资委、外交部亚洲司、中国科学院、海关总署、共青团中央、教育部、工业和信息化部、海口出入境边防检查总站等中央部委机构的官方账号,以及中央政法委官方新闻网站、《检察日报》、中国法院网、中国警察网、解放军报社海军分社、人民网、央视新闻等官方媒体,另外,军视、中国陆军、中国海军、95829部队、航空工业等涉军和清华大学、中国人民公安大学、上海交通大学等高校也相继进驻短视频平台。正如共青团中央所说:青年在哪,共青团的关注点和声音就在哪。《人民日报》更直接指出:网民在哪,政务新媒体就在哪。可以说,随着"互联网+"的广泛应用和信息技术的不断普及,抖音、快手等平台日益成为年轻网民的聚集地,利用好抖音、快手等短视频平台,在广大网民中积极宣传机关事业单位的工作,有利于传播正能量、塑造城市形象、发扬社会优良传统和彰显国家实力。

目前,抖音、快手上的政务号涵盖了旅游、公安、部队、新闻中心、共青团、法院等主要的机构类型。尽管诞生时间不长,但机关事业单位的政务抖音号、快手号上爆款新闻频出,屡屡有热点案例出现。

2018年5月3日,北京市公安局反恐怖和特警总队正式入驻抖音,开设账号"北京SWAT"并发布了第一支视频。视频以抖音上当时流行的音乐作为配乐,节奏紧凑地展示了特警队员的日常训练过程,其中,狙击射击、实战演习等场景都是首次出现在抖音上。不到12个小时,视频就收获了250万个赞和7万条评论,北京特警抖音账号的粉丝数也快速突破了100万。截至2019年5月,"北京SWAT"发布的短视频有84条,上传的内容绝大部分是特警的日常训练以及生活花絮,获赞总数超过1189万,吸引了320万粉丝的关注。在评论区,网友纷纷留言,"'666',给特警点赞!""这是我看到过的最棒的抖音视频,特警厉害!""期待你们更多的视频,正能量爆棚!""北京SWAT"可以说是政务抖音账号里以质取胜的代表。

2018年6月7日,广西南宁兴宁区人民法院将10个"老赖"的悬赏信息制作成视频,在抖音上发布。10天后,一个"老赖"终于顶不住压力,主动到法院,联系执行法官,配合执行。此事得到了全国最高人民法院的关注,并在官方平台进行转载和点赞。《人民日报》以一篇题为《破解执行难再添新利器》的文章,报道了兴宁区人民法院利用抖音平台抓老赖的创举。

一、机关事业单位抖音、快手政务号内容的主要特点

(一) 内容结合热点

热点即网友投入最多注意力的内容。把热点和机关事业单位的特点结合起来,在传播上会起到意想不到的效果。

(二) 账号定位清晰

在新媒体时代,机关事业单位的政务号想要受到用户欢迎,就要进行清晰的定位和打造独特的属性,"北京SWAT"一开始就能受到大家的热捧,就是因为它以发布特警训练内容为主。出镜人物帅气俊朗,特警身上充满正能量让大家心生敬佩。该账号对大家的留言也及时回复,语言活泼,所以很讨喜。

(三) 突显部门特色

各机关事业单位有着不同的职责和特点,抓住这些特点、明确宣传目的,就能在抖音、快手上树立自己的形象。清晰的形象和保持一致性的内容会降低用户的关注成本,让观看者了解关注此账号后可获得的信息。"北京SWAT"大多围绕反恐、特警实训以及抓捕救援活动来拍摄和发布视频。严格的训练、酷炫的装备、惊心动魄的抓捕、温馨的提示,视频展示着特警的日

常工作的方方面面,让用户充分了解特警的工作、生活情况,引发用户对特警的认可与尊重。

（四）学会讲故事

尽管许多机关事业单位纷纷入驻抖音、快手,开通官方账号,但大部分获得的成效不佳。学会用讲故事的形式来代替单调、沉闷的信息传递,转变思维,发挥创意,才能在信息流中吸引用户的注意。

（五）打造网红属性

在网络时代,是否可以打造合适的人设成为能否受欢迎的一个重要指标,由此展开,一个官方账号同样可以因为独特的属性而受到追捧。就目前入驻抖音的政务号来看,主要以各地的政法系统的政务号为主,其中以警察、特警等内容为主的政务号最受欢迎。这些账号内容清晰,以案件曝光、特警训练、法规普及等内容为主。

（六）图文信息动起来

图文信息在以微信、微博为主导的时代里占据着绝对优势,但进入短视频时代之后逐渐式微。在抖音、快手这个有时长限制的平台之上,当人们需要输出信息量更为丰富的内容时,图文形式就能满足要求。用动起来的图文配合音乐,让用户在有限的时间内可以专注地获取更多的实用信息,并且能随时暂停,并仔细阅读。这种"动"起来的内容,也降低了运营者更新视频的制作成本,可以在操作上迅速和微博、微信保持同步。

（七）特色背景装饰

为每个视频量身定制视频背景,把视频、文案、图片巧妙地结合在一起。

二、抖音、快手政务号的运营

（一）保持每天稳定更新

在运营方式上,用户被某个短视频吸引并观看之后,就会点进主页,了解账号的基本信息,而账号是否持续更新内容是用户决定是否关注的指标之一。稳定的内容输出是一个账号得以持续发展的基本条件。

（二）发起正能量挑战活动

抖音、快手独具特色的挑战赛具有极强的感染力,用户发起挑战赛后,便会成为示范者,而观众也只需要点击"立即参与",即可参与短视频创作及传播。随着参与挑战的用户逐渐增多,示范者的视频不仅得到了曝光,也激发了用户发现美好生活中的灵感,从而实现优质视频传播效益的最大化。发起或参与挑战,是抖音、快手运营的重要手段,能在用户中产生极大的影响。事实证明,一些由政府职能部门发起的正能量挑战活动,在抖音上同样非常受欢迎。实际上,这样的"正能量导向"的宣传模式,早在微博上就已经多次取得成功。在以娱乐化内容博眼球的短视频平台上,正能量的内容反而会成为一股清流。据大量抖音、快手正能量挑战下的评论可知,短视频用户对此类内容的认可度高、需求量大。

(三)视频横竖切换提示

竖屏视频作为抖音、快手平台的主要形式,更符合如今短视频用户的观看习惯。许多机关事业单位的服务号都面临着运营抖音号的时间及成本问题,没法做到每条内容都是竖屏拍摄并制作的。中央政法委官方新闻频道运营的"中国长安网"抖音账号创新性地实行了封面竖屏、视频横屏观看的模式,在视频横竖切换间增加了一个小提示,优化了用户的观看体验,降低了视频的跳出率。

三、政务抖音、快手的运营技巧

(一)内容输出稳定

政务抖音、快手号要想扩大自身的影响力,必须保持调性一致、内容输出平稳,因此,要么靠一条视频刷屏而深入人心,要么在垂直领域中持续耕耘。虽然持续生成优质内容是很难的,但要运营好抖音号,内容的稳定性和持续性就是必须要保证的。具有稳定性和持续性的内容会让用户更愿意关注账号,从而进入流量池。

(二)内容能让人产生共鸣

纵观那些刷屏的视频,有的不过是手机录屏的聊天记录,或者是一段记录平常生活的片段,内容简单,没有剧本策划,不过深入推敲之后,你会发现它们有一个共同的特点,那就是能引发网友们的情感共鸣。内容策划的本质是在揣摩人性,政务短视频的内容策划也是如此,所以,在抖音、快手做短视频,并不需要你具备专业的拍摄和制作水准,你更多的是要思考如何用内容戳中用户的心。比如,"共青团中央"的官方抖音账号"青微工作室"将自身定位为年轻又调皮的"团团",善于使用年轻人喜欢的元素,在抖音塑造了讨喜的人设。而另一政务账号"江苏网警"也非常懂用户的心理,能敏锐地聚焦人民群众关注的社会问题,并通过在抖音输出相关内容来为群众排忧解难。

(三)重视内容互动

人是社会化的动物,社交是我们的基本能力,而短视频的社交是通过内容与人们互动。比如,可以在抖音、快手上发起挑战、参与视频合拍、看到附近的人的视频,这些产品功能都在强调内容创作者和粉丝之间的互动。所以,我们在策划内容时,要考虑如何让更多的人通过视频互动。可以在抖音上发起挑战,作为发起者,带"抖友们"玩起来。"青微工作室"的中国华服日和"网络青晚"活动,为特定人群输出高匹配度的内容,以这些人作为二次传播渠道,扩大了自身的影响力。

(四)内容有创意、故事性强

在抖音、快手上要获得好的传播效果,必须用故事性强的连载形式代替单纯的信息传递,要转变思维,要有创意。"北京SWAT"摒弃了说教内容,没有简单地告诉用户特警训练有多辛苦,而是把特警训练做成了连载短视频,将海、陆、空等各种射击、扫雷、游泳训练展示给大家看,从而引发用户的情感共鸣。

(五)宣扬社会正能量

政务抖音、快手号作为机关事业单位发声的新阵地,也有着引领大众树立正确三观的作用。因此,在选择拍摄题材时,感人的正能量话题、大众关注度高的热点事件和节日题材都可以多加关注。

(六)善用社会热点

热点是大家投入最多注意力的内容,把热点和账号的特性结合起来,有时候会有意想不到的效果,再加上一段感人或有节奏感的音乐,就能击中人心。

当前,移动智能网络即将进入5G阶段,互联网已进入可视化、碎片化的传播时代,短视频已成为广大人民群众特别是青少年上网浏览信息的最主要形式之一。在短视频发展的过程中,主流媒体不能缺席,主流舆论不能缺席,但是,开通政务抖音、快手账号不难,始终兜好初心,服务民心却不容易。就拿政务微信来说,开始觉得新鲜,时间长了之后,沉迷"自嗨"的有之,成为"网络喷子"的有之,"神回复"频现的亦有之,不仅劳民伤财、浪费时间和精力,还容易发生干群矛盾,影响群众满意度和获得感,破坏政府形象。更有甚者,变成"僵尸"号,长期不更新。无论哪种情况,既是对自己的不负责任,也是对组织和群众的不负责任,毫无实际意义。因此,建立、完善、管理好官方抖音、快手账号是适应新形势、新情况、新问题的现实需要,也是全面深化改革和建设服务型政府的题中之义。

需要强调的是,开通政务抖音、快手账号不是为了收割流量、获取粉丝,而是要摆脱严肃、刻板的传统政务形象,最大限度地保障大众的知情权。除了准确、及时地公开信息以外,为公众监督提供切实、可靠的依据同样不可忽略。就外交部开通官方抖音账号而言,外交部的抖音账号改变了人们对其部门日常话语体系的传统印象:"土味官话""严肃卖萌"的短视频塑造了可爱幽默、富有创意的媒体新形象,展现了外交部主动与网民打成一片的亲民形象,更为活跃在新媒体平台上的广大青年朋友提供了许多正能量。站在国家立场上阐释中国态度,有助于更大范围、更高效、更直接地培养网民的爱国情怀、提升国民素质、传播中国声音。

新闻不是刚需,服务才是出路。对机关事业单位的政务抖音、快手账号而言,提升内容是核心,强化服务是关键,密切关系是根本。随着抖音的用户不断增加,机关事业单位在不断深入网民集聚平台的同时,应该思考如何在创新内容和严守红线之间取得平衡,引领网民理性地看待热点问题,提升便民服务效能,在传播社会正能量等方面展现出新担当、新作为。在机构职能基础上,机关事业单位不仅要做好信息发布等基础工作,还要在服务网民上下苦功夫,以实现政务新媒体的真正转型。

第五节　采访活动策划方案模板

一、融媒体时代新闻采访策划的现状

（一）采访策划缺乏充足准备

充足到位的事前采访策划是保证新闻采访过程顺利进行、提升采访质量的关键要素。因为只有确定清晰的采访脉络和准确到位的新闻重点和核心热点，才能够保证新闻稿件撰写顺利，新闻得到有效传递，进而正确引导社会舆论，所以，新闻采访的事前策划是准备工作的核心环节，然而，有的记者急功近利，准备工作做得不到位，导致新闻线索出现时，不能迅速及时地捕捉到有价值的新闻热点。有的记者等到新闻事件出现时，才匆匆忙忙赶往现场，但已经错失报道时机。有的记者对新闻线索的掌握不够准确，在现场采访时不知道如何应对突发情况，导致采访质量不尽如人意，后期的稿件撰写和新闻发布自然受到影响。

（二）采访策划内容缺乏真实性

新闻报道的最基本的要求和原则是内容要真实可靠，因为新闻要面向社会大众传递社会新闻、进行政策解读宣传、引导社会舆论等等，报道内容的真实性是由其社会职责所决定的，但是目前有的新闻从业人员、单位为了博取关注，策划虚假新闻，这极大地违背了新闻报道最基本的原则。例如，2007年轰动社会的"纸包子"事件，就是当时《透明度》栏目临时聘用的工作人员所策划的虚假新闻，其社会影响是极其恶劣的。不少假新闻采用新奇、暴力、煽情、惊悚的方式制造轰动效应，给社会造成了消极的影响。缺乏真实性的新

闻暴露了新闻记者道德修养不足、从业操守缺失的问题。

（三）采访策划模式单一陈旧

新闻采访事前策划不足会直接导致新闻采访的模式单一陈旧、内容枯燥乏味，观众的兴趣和关注度自然也不会高。只有在准备充足的情况下，才能够有效地掌握新闻切入点，准确地组织问题，设计交流情境，保证现场采访的质量，挖掘优质新颖的报道点。目前的新闻采访策划模式单一、陈旧，一般都是对起因、过程、结果的罗列式或平铺式的报道，缺乏新意、正确的感情投入和适时转折，难以激发观众的兴趣。

（四）采访策划目的趋于炒作

当今社会，急功近利的社会氛围逐渐影响了新闻媒体工作者，导致新闻记者的社会责任感越来越薄弱，职业道德感也越来越淡薄。有些记者对新闻报道工作所肩负的社会使命和应有的社会职责的认识存在偏差，为了自身利益，竟然去做功利性的报道。采访策划的目的出现偏差，趋于炒作。机关事业单位的新闻媒体作为社会信息传递的主要渠道和信息源，功利性是要不得的，功利性太强必然导致不良现象，因此，新闻报道必须坚持社会效益第一的原则。

二、融媒体时代背景下新闻采访所面临的困境

（一）新闻采访途径发生变化

在当前融媒体时代背景下，在进行实际新闻采访的过程中，记者需要不断探索采访形式及采访途径。第一，新闻记者应当不断提升自身业务水平，要能够对新闻事件的真实性进行判断及分析，在新闻报道的过程中，保证客观性；第二，对于传统新闻采访而言，捕捉新闻画面十分关键，只有在捕捉优质新闻画面的基础上，才能够使新闻传播取得满意的效果。在融媒体时代背景下，记者在进行实际新闻采访的过程中，需要具备较强的敏感性，传统新闻采访思路及观念需要改变。

（二）管理理念的影响

随着融媒体的不断发展，媒体管理受到了一定的影响。就目前的情况而言，大多数电视台已制定适合自身的比较稳定的节目制作流程，这也很难让记者在新闻采访的过程中充分发挥主动性及创造性。所以，在目前融媒体背

景下的机关事业单位的新闻采访中,使记者在新闻采访中获得更多的自由,将审批程度简化,积极探索管理模式的创新,这些已经成为十分重要的任务。

(三)技术方面的影响

随着新媒体的不断发展,传统媒体必须要实现数字化转型。新闻数字化意味着工作人员需要将文字、图片及视频等媒体产品的采编技能掌握好,还要较好地掌握多媒体平台采编技术,尤其是互联网传播技术,对新闻工作人员的业务水平提出了更高的要求。

三、融媒体时代新闻采访创新的有效策略

(一)创新新闻采访思维

在当前融媒体时代背景下,应当对新闻采访的思维模式进行创新,新闻采访工作人员应当探索适合自身的采访形式。在开展新闻采访工作时,工作人员应当根据采访对象的特点来收集和整理有关资料,对受访人员形成初步的认识,在此基础上保证采访工作顺利地进行。此外,工作人员要改变传统的采访思维模式,积极创新。在融媒体时代的背景下,作为机关事业单位新闻采访的工作人员,不但要能够保证新闻的真实性及时效性,还要在编写新闻的过程中保证冷静、客观的态度,从新闻中的细节入手,对新闻事件进行分析,从而将新闻更好地呈现给受众。

(二)创新新闻采访内容

对于融媒体时代的新闻采访而言,内容创新是十分重要的。在对新闻采访内容进行创新的过程中,采访工作人员可通过不同的方式来报道新闻,即使是同一新闻事件,也可从不同的角度出发,进行采访,比如,在对人物事件进行报道的过程中,可从不同的角度着手,对整个事件进行真实、客观的描述,保证在情感上能够与受众共鸣,从而使新闻传播取得满意的效果。

(三)创新新闻采访模式

在新闻采访工作的开展过程中,新闻采访模式属于关键的影响因素,对新闻采访会产生十分重要的影响,因此对新闻采访模式进行创新也就十分有必要。在融媒体时代下,由于新闻事件的真实性存疑,所以在实际采访中,采访工作人员需要对新闻事件的真实性进行探究,充分了解新闻事件的实际情况。采访工作人员在进行采访的过程中,需要采用人性化的采访模式,对受

访人员应当保持尊重,使受访人员能够真正信任采访工作人员。需要注意的一点是,采访工作人员应当尊重受访人员的隐私,不能为了获得新闻而损害他人的隐私权。

(四)创新新闻采访工作队伍建设

在融媒体时代背景下,为实现新闻采访的创新,还需要在采访工作人员的队伍建设上有所创新。在新闻采访工作的实际开展过程中,新闻采访部门应当对采访工作人员加强教育培训,在进行培训时,需要结合融媒体背景下对新闻采访工作人员的实际要求,选择合理的培训内容及方式,从而使新闻采访工作人员的能力及业务水平更好地符合实际需求,使新闻采访工作取得更好的效果。同时,新闻采访部门应当对复合型新闻采访人才进行引进及培养,保证采访工作人员能够掌握各种媒体知识及技能,在新闻采访中融合多种媒体形式。

四、在融媒体时代,如何提高记者的采访技巧

在融媒体时代,应当从以下几个方面来提高记者的采访技巧。

(一)事前做足功课

在采访活动开始之前的各种准备活动对采访工作的结果起着至关重要的影响,同时,一个合格的记者也必须要有能力做好这事前的功课。这项工作主要包括几个方面的内容:第一,对要采访的人或者目标事件的相关情况有一个全面的了解,并将其作为采访活动所遵循的思路的基础,与此同时,要为应对某些可能发生的意料之外的情况做好准备;第二,做好对采访所需设备的准备,包括录音设备和常用的电脑、移动电话等设备,这些设备是保质保量完成采访任务的重要保障。先进技术的出现让采访活动所花费的人力成本更少,但是采访人员要在采访前做好充分的准备,才能发挥新时代背景下采访的优势。

(二)运用各种途径实现高效采访

在融媒体背景下,信息获取有了更多、更广泛的途径,与此同时,移动电话设备、互联网以及各种社交媒体平台的出现让信息传播变得更快。对于机关事业单位的媒体人员来讲,必须要在第一时间报道新闻事件,才能把握住市场机会。从这个角度来说,新闻采访人员只有不断努力,以更快的速度开

展采访工作,才能保证新闻的及时发布,并帮助自己所在的平台获取更多的关注和更大的影响力。此外,在融媒体背景下的信息有一个特点,就是信息量特别大,比较关键的信息很容易瞬间被掩盖掉。记者要准备足够的信息,随时准备进行采访活动,这是在最短的时间内报道新闻事件以获取公众关注的必要条件。

(三)更好地借助多媒体资源

在融媒体背景下,记者需要具备更强的专业能力,这里的专业能力不光是指强大的语言组织能力和深厚的写作功底,还指使用采访设备,尤其是基于先进技术的采访设备的能力。与此同时,采访人员还需要具有灵活的应变能力,可以根据实际情况进行应对,而不是只会跟着已经做好的规划和提纲走,这样才能打造出吸引受众的采访作品。

(四)对新闻线索的敏感度和重视度

在融媒体背景下,信息通道的数量不断增加,能够搜集到新闻线索的方式也更多了。在这种情况下,记者必须要以主动的方式,通过多种渠道获取相关的新闻线索,同时还要具备对线索的真实性、可靠性进行甄别的能力。总而言之,记者要提升自己对新闻线索的敏感度和重视程度。

附件一

模板一

一、策划书名称

尽可能具体地写出策划名称,如"×年×月×日×部门×活动策划书",置于页面中央。

二、活动背景

在此部分,需要重点阐述的具体内容有:基本情况简介、主要执行对象、近期状况、组织部门、活动开展原因、社会影响以及相关的目的和动机,还应说明环境特征,主要考虑环境的内在优势、弱点、机会及威胁等因素,对各因素做好全面的分析(SWOT分析),将重点放在环境分析的各项因素上,对过去、现在的情况进行详细描述,并通过对情况的预测来制订计划。如环境不明,则应该通过调查、研究等方式进行分析并加以补充。

三、活动目的及意义

活动的目的、意义应用简洁明了的语言表述清楚。在陈述目的的要点时,应该明确写出该活动的核心构成或策划的独到之处及由此产生的意义。

四、活动名称

根据活动的具体内容、影响及意义,拟定能够全面概括活动的名称。

五、活动目标

在此部分,需要明确写出要实现的目标及重点(目标选择需要满足重要性、可行性、时效性的要求)。

六、活动开展

作为策划的正文部分,行文方式要简洁明了,使人容易理解。在此部分中,不要仅仅局限于用文字表述,也可适当加入统计图表等,绘制实施时间表有助于方案核查。另外,人员的组织配置、活动对象、相应权责及时间、地点也应在这部分加以说明,执行的应变程序也应该在这部分进行考虑。

七、经费预算

活动的各项费用在根据实际情况进行具体、周密的计算后,要用清晰明了的形式列出来。

在活动中,应注意内外环境的变化。内外环境的变化会不可避免地给方案的执行带来一些不确定的因素,因此,当环境变化时,是否有应变措施、损失的概率是多少、造成的损失有多大等,应在策划中加以说明。

八、活动负责人及主要参与者

注明组织者、参与者姓名、单位(如果是小组策划,应注明小组名称、负责人)。

模板二

一、人物专访策划书写作

具体包括栏目名称、采访目的、采访对象、采访对象简介、采访时间及地点、采访的主题、采访方式(采用预约座谈方式采访等)、采访步骤(通过一个问题打开局面,然后由外到里逐层深入,悟出思想精髓)、提问提纲(列出想问的问题,问题最好能循序渐进,相互关联)。

二、采访前期的工作

1. 利用通信手段,至少提前一周进行预约。征得同意后,将采访提纲发给采访对象,同时将时间、地点、采访时长等告知对方,并达成共识。

2. 采访前,准备相关的证件、器材等物品,如照相机、采访本、录音笔等。

3. 收集采访对象的个人资料。

三、采访后期的工作

整理收集到的资料,如访谈记录。

四、可行性分析

1.采访需要提前几天预约,否则被采访者由于公务没有时间的话,采访的可行性不高。

2.问题的提法要得当,有技巧,有取舍,采访的成功率就不会低。

五、注意事项及备注

1.问题的答案如果在准备阶段已经得知,那么可略过,还可即兴追问。

2.要注意提问方式。

3.采访活动要按照策划进行,如遇不可预知的特殊情况,可另行修改或随机应变。

模板三

一、报道主题

二、报道背景

三、新闻报道的目的、意义

四、新闻报道的范围和重点

五、活动开展

具体包括报道方式(前期进行数据调查,分析数据变动,对被采访人进行采访)、刊发设想、媒体选择。

六、活动中要注意的细节

1. 采访前要做好充分的准备工作,尤其是做好前期的数据调查、分析以及资料的查找工作。

2. 提前联系好接受采访的相关人员等。

3. 采访可分小组进行,按照不同的地点进行分配。

七、活动的资料参考

主要来源于××/×××等主流媒体。

模板四

一、报道主题

二、报道背景

三、目标

四、所需资源

笔记本电脑一台、照相机一台、录音笔一支等。

五、活动开展

1. 采访要求

(1)在采访过程中,首先要确保新闻的真实性,不得片面截取他人语句,篡改他人用意,多用直接引语写作。

(2)在采访写作的过程中,以客观陈述事实为主。

(3)记者采访要深入,写稿时要通过描写人物、事件来体现,切不可空洞无物、泛泛而谈。

(4)报道所选择的切入点要小、要细,注重事件及人物,结合点和面进行报道。这样文章才有可读性,不会落入俗套。

(5)高效地完成写作。

2. 刊发设想

(1)拟刊登×××头版,有一则消息、一篇通讯稿、一篇专家评论,均独立成篇。

(2)具体操作如下:

消息标题:×××　　　报道主线:×××

通讯标题:×××　　　报道主线:×××

评论标题:×××　　　报道主线:×××

3. 媒体选择

报纸媒介,具体选择×××。

4. 报道方式

集中式报道

5. 文体写作

组合式深度报道

6. 报道收效

六、经费预算

交通费、摄像与摄影费用及后期制作费用等。

七、活动中要注意的细节

1. 采访前的准备工作要做充分,将查阅好的资料整理归类,采访所需的器材设备要带齐。

2. 要做好充分的心理准备,在采访中可能会遇到困难,要提前想好解决的办法。

3. 提前联系好接受采访的专家等。

4. 采访需要分小组进行,按照不同的地点进行分配,初步定为每小组×到×人,后期进行纠正,合稿人员为×人。

第六节　报刊深度报道模板

在新媒体时代,传统纸媒面临着生死考验,有报纸"杀手锏"之称的深度报道正遭遇媒体和读者的双重冷落。在新媒体语境下,报纸的深度报道亟须自我革新,探索新的报道模式,构建新的报道生态。

什么是深度报道？新闻教育家、新闻学者甘惜分在《新闻大辞典》中这样定义道:"它是运用解释、分析、预测等方法,从历史渊源、因果关系、矛盾演变、影响作用、发展趋势等方面报道新闻的形式。"

第二次世界大战结束后,西方传统纸媒面临广播、电视的巨大挑战,口播新闻、电视现场直播让报纸在信息传播的速度和维度上处于下风。为此,报纸、杂志开始绝地反击,深度报道这一报道方式应运而生——报纸通过延展新闻的宽度和深度来提升自我价值、吸引读者眼球。

在我国,深度报道兴起于20世纪80年代中期。1985年底,《中国青年报》的张健伟等人采写的《大学毕业生成才追踪记》系列报道,被认为开辟了深度报道之先河。1986年,全国好新闻评选设立了深度报道奖项。1987年被新闻业内人士称为"深度报道年"。

随着新媒体的迅猛发展以及碎片化阅读时代的到来,传统纸媒面临严峻的挑战,曾作为报纸"拳头产品"和核心的深度报道风光不再。近年来,《南方周末》《新京报》等相继压缩了深度报道的版面,一些纸媒甚至直接裁撤了与深度报道相关的采编部门。在互联网极大地改变了媒体生态和受众的新闻消费习惯的当下,机关事业单位的深度报道不但为众多新媒体平台提供了重要的内容支撑,而且突显了舆论引导的"压舱石"和"定海神针"的作用。为了实现与新媒体的差异化竞争,机关事业单位融媒体的深度报道应当进一步融入新媒体思维,植入丰富的互联网基因,充分发挥新闻专业主义和采编人员的脚力、眼力、脑力、笔力,创新选题挖掘和呈现的方式,通过深度调查研究来揭示事实真相,提供折射时代精神的新观点、新理念,帮助受众透过事件看本质,从而使机关事业单位的深度报道更深入、更有影响力。

一、机关事业单位深度报道的坚守与担当

面对新媒体平台的冲击,一些市场化报纸纷纷缩减深度报道版面,裁撤深度报道部门,有人发出报纸的深度报道日渐式微的叹息。主流媒体的深度报道真的穷途末路了吗?事实上,在此轮深度报道的调整中,众多的主流媒体选择的是坚守而不是放弃。以《中国青年报》为例,深度报道部撤了,但是原先由其承担的特别报道版却由每周3个增加到5个,深度报道的发稿范围也从原来的特定版面扩展到报纸的几乎所有版面。据统计,《人民日报》中深度报道的平均占版比例已达到50%,《经济日报》中深度报道的平均占版比例更是高达60%。《解放军报》在最新一轮的改版后,也以每周5个版的版面重磅推出深度报道版《军营观察》。可见,如今的主流报纸依然重视深度报道,它们为什么选择坚守而不是退却呢?首先,深度报道是主流报纸提升核心竞争力的主战场。纵观今天的传媒生态,尽管纸媒自身传播渠道的影响力受到了挑战,但其生产的内容依然是各类新兴媒体平台的重要支撑。专家指出,新媒体对市场的吸引力都是报纸所不具备的,所以机关事业单位的融媒体真正的重点应该是运用独特性去战胜对手。机关事业单位融媒体的深度报道本质上是有思想、有品质的差异化新闻产品,要与互联网传播实行差异化竞争。

从媒体的专业价值来说,深度报道一直被视为新闻报道的高端产品,也是主流报纸与新媒体竞争的撒手锏。以灾难新闻报道为例,稍大一点的灾难一旦发生,灾难发生的时间、地点、损失数据的报道就可能满天飞,导致受众出现严重的"信息疲劳"。但是,这场灾难是天灾还是人祸,折射了怎样的人性?如何建立长效避险机制?涉及关键问题的深度报道往往是稀缺的。"人人都有麦克风,个个都是新闻发言人"不代表人人都能进行深度观察和理性思考。深度报道呼唤新闻专业主义,需要训练有素的职业新闻人。在这方面,机关事业单位的融媒体中心无疑具有新媒体所无法比拟的优势。

其次,深度报道是主流报纸突显使命与担当的重要支点。当前,我国正处于发展关键期、改革攻坚期、矛盾凸显期,人们的思想观念快速嬗变,利益冲突时有发生,加之意识形态领域暗流涌动,有太多的热点、难点、焦点问题需要进行深度思考、理性解读和积极引导。为此,机关事业单位发挥自身优势,推出被誉为"社会的良知"的深度报道,通过披露社会发展进程及问题,帮助公众准确认知环境改变与个体命运之间的关联。机关事业单位通过解析关乎国计民生的重大政策,让人们看到国家在治理过程中的协调与运作,成为社会公平正义的守望者。

最后,不难看到,面对碎片化、数据化、娱乐化的资讯流的冲击,机关事业单位坚守深度报道的阵地,不但为众多新媒体平台提供了重要的内容支撑,而且突显了舆论引领的"压舱石"和"定海神针"的作用。正是深度报道为机关事业单位履行媒体的社会责任,提高舆论的传播力、引导力、影响力、公信力提供了大显身手的舞台。

二、如何做好深度报道

(一)精心抓好报道选题

选题好坏对于深度报道来说特别重要,也是决定深度报道是否成功的关键。深度报道的选题具有重要性、时新性、可议性、广泛性等特点,这类选题常常聚焦社会舆论的热点、社会生活的难点、工作中的重点和诸多矛盾的焦点。选题要从下列几个方面去抓:第一,要注意所选题材的重要性,能够作为深度报道题材的只能是那些对现实生活和人们的思想具有重大影响的问题,是那些能产生重大政治影响、经济影响和社会影响的问题,是那些人们渴望了解其真相以及对其如何看待、如何评价的问题,总而言之,就是那些在社会生活中处于重要地位、具有重大意义、影响深远的问题;第二,要注意所选题材的时新性,时新性是新闻的本质属性,是构成新闻价值最基本的因素,指的是深度报道的选题要具有时间新、内容新等特点,能直接触及当前的现实,是最新出现的问题,是人们密切关注,并且正在思考、热议的问题,而不是对历史问题的讨论,时新性还指内容新,是现实生活中的新情况、新问题,报道要具有新的角度,能体现出新的深度,深度报道往往由许多内容相似的单篇新闻报道所组成,但它不是这些单篇新闻内容的重复,而是通过组合形成新的信息、新的观念,展示出新的内容;第三,要注意所选题材的可议性,可议性是指选择的题材处于问题和现象的"结合部"(时间结合部、空间结合部和状态结合部),这些现象和问题常常呈现出模糊的状态,两极很不分明,问题和现象本身蕴含着值得议论、辨析的因素;第四,要注意所选题材的广泛性,广泛性要求题材的影响面要广,为多数人所关心,关乎大多数人的切身利益,报道所反映的问题绝对不是一个单位、一个部门、一个行业的问题,而是牵涉到社会的方方面面的问题,是社会性、政策性和综合性问题。

(二)新闻采访要具体、准确、科学

深度报道写作需要大量的材料,这些材料有正面的,也有反面的;有点上的,也有面上的;有宏观的,也有微观的;有概率性的材料,也有准确性的数字;有具体的案例,也有综合性的材料。要获得这些材料,记者一定要有较高的新闻采写水平,一定要有吃苦耐劳的精神,在采访的过程中,一定要具体、准确,而且要运用科学的方法进行采访。

1. 在采访中坚持综合性和整体性的原则

综合性和整体性是社会学研究中必须坚持的重要原则,对深度报道采访十分有用。深度报道的采写,从某种意义上说,是记者在从事一项社会学研究活动,只不过这项活动是由新闻传播媒介实施的,其研究成果作为新闻报道刊登出来。综合性原则要求我们的采访活动能够多角度、多方面、多层次地进行,在对采访对象进行研究时,要联系各种有关的社会因素,进行全面的综合考察。整体性原则要求我们把采访对象放在当时特定的社会整体中去考察,并通过这种考察得到关于这一问题乃至社会的整体性认识。

2. 在采访中运用社会学的调查研究方法

调查研究是我国新闻工作者传统的采访模式。这种模式大体可分为典型调查、蹲点调查、现场调查、个别访问、座谈会调查等等,通过记者口问笔录,然后综合成文。这些传统的调查方法对深度报道的采写还是有用的。由于深度报道在深度与广度上与一般化的动态新闻有明显的不同,因而在采访质量上要求更高,仅仅使用这些传统的调查方法显然远远不够。深度报道是要通过综合大量的新闻信息,描绘出重大事件、重大现象或重大问题的总体构成的近似图像,这些信息是真实的、准确的。采集到这些信息是非常复杂的、艰难的,因此,深度报道信息的取得、材料的搜集应该借鉴社会学的某些

调查方法,使采访活动社会化和现代化。具体方法如下:

(1) 比较法,指研究者按照一定的标准,分析相关的社会现象的异同,以便了解这些现象存在和发展的规律的研究方法。比较法可分为纵向比较(历史比较)、横向比较(区域比较)和内容比较。

(2) 文献法,又称历史法或内容分析法,指的是从文献、档案、书刊、报纸、报表以及历史资料等各种社会信息资源中搜集研究所必需的资料。文献法是一种间接搜集资料的方法,研究者在使用时,一定要进行科学的分析、甄别,以确保资料的准确性和可靠性。

(3) 抽样分析法,指研究者事先设计好问题或问卷,要求被调查者按要求回答,用以搜集资料来说明研究者所研究的问题。抽样分析法可以为记者提供必不可少的数据,使报道更具有说服力和可信度。

(4) 统计法,是以统计学的分析方法来研究社会生活现象。现代社会越来越具有较大的随机性,对重大问题进行调查,记者不能仅仅凭借手中所掌握的一两个事例就轻易下结论,而是要采取统计学的方法,在掌握了系统的、准确的统计数据以后,对事物的性质作出判断。

(5) 参与观察法,指研究者直接深入到被研究者中间去,成为他们中的一分子,直接参与他们的活动,但同时又保持研究者的眼光,在现场观察、了解、记录和搜集第一手资料。参与观察法对于记者的采访来说是非常有用的。从事深度报道采写的记者尤其需要采用这种方法。

(三)组织立体型网络结构

深度报道的材料多、牵涉面广,因此其行文结构是非常重要的。一方面要做到脉络清晰,另一方面要说理透彻。要使用众多的材料来证明文章提出的观点(或者说论点),报道的谋篇布局具有很强的技巧性。因此,建立立体型的网络结构是深度报道布局谋篇的比较理想的模式,也是深度报道最突出的特色。深度报道只有构建立体型的网络结构,才具有层次性、多向性、系统性和整体性。组织立体型的网络结构有以下几种方法:

(1) 坐标法。这是一种通过纵向和横向的立体交叉,组织立体型网络结构的布局方法。所谓纵向,是指偏重于从时间和历史的角度来认识问题、分析问题和表述问题。它是一种历时性的叙述和论述问题的方式。所谓横向,是指偏重于截取历史的某一断面,研究同一事物在不同领域、不同环境中的发展状态。它是一种同时性的论述问题的方式。纵向与横向的交叉,就是历时性和同时性的交叉,交叉形成立体型的网状结构。

（2）矛盾法。这是一种通过交叉展示同一报道对象的矛盾方面，即通过事物的正像与反像的立体交叉而组织起立体型网络结构的布局方法。正像就是好的一面、合理的一面，反像就是坏的一面、不合理的一面。正像和反像的交叉，就是交叉叙述这两个相互矛盾的方面，使整个报道具有多层次、多色调的特点，给人以立体型的感觉。

（3）聚焦法。这是一种从不同方位对同一事物进行多角度的交叉透视，从而构建立体型网络结构的布局方法。

（四）运用大综合的表现手法

运用大综合的表现手法是深度报道在写作手法上的一个重要特点。一方面，大综合表现手法不受一人一事、一时一地、一体一式的束缚，而是跨行业、跨地域、跨时间、多体式的，只要符合文章要求，能够满足主题需要，都能为大综合的表现手法所用。文字的表述方式也是多式多样的，有消息、通讯、评论、报告文学，乃至小说、戏剧、电影、小品，只要是与内容相匹配的表述方式，都可以糅合在一起。另一方面，在具体写作时，作者将出现在多时多地的多个人物和事件加以提炼，依照一定的原则、目的和程序，将其中最具有普遍性和代表性的内容创造性地组合在一起，使之成为富有表现力的有机整体。深度报道中的大综合与一般报道中的综合的不同之处在于：深度报道中的大综合追求的是一种高层次的综合。低层次综合是直线的或线型的综合方式，是一个平面的综合，是事物现象和外观上的综合；高层次的综合是对诸多事物进行整体性、辩证性的综合，是对一个复杂的事物进行全面分析之后的立体化的综合。在进行高层次的综合时，作者的思维是跳跃的、驰骋的，并具有丰富的想象力和创造力。高层次的综合是一种创造性的综合方式。

三、机关事业单位的深度报道如何做得更深

（一）对接自媒体热点，将宏大主题具体化

写什么历来是深度报道成功与否的关键。作为党的喉舌，机关事业单位的基本使命在于传达党和政府的声音，深度报道的选题往往容易呈现出这样的单向轨迹：官方议程→媒介议程→公众议程。这一单向轨迹有时就与受众的兴奋点重合度不高，无法引起受众共鸣。为此，深度报道的选题要在接通"天线"和"地线"上下功夫。以《解放军报》的深度报道为例，就是要做到党中

央和中央军委决策部署的重点、部队实际工作的难点、官兵关注的焦点"三点一线"。广大官兵的关注点究竟是什么？过去往往依靠零散信息和采编人员的经验来回答这一问题，而如今，大量自媒体和大数据给出了准确的答案。在选题策划时，进一步打通传统媒体、自媒体两个舆论场，利用新媒体平台，精准、及时地捕捉官兵关注的焦点，通过官兵关注的新闻事件、热门话题，设计接地气、触及人心的选题，实现深度报道的选题与自媒体热点的对接。在这方面，获得"中国新闻奖"一等奖的浙江电视台系列报道"寻找可以游泳的河"是值得借鉴的范例。系列报道"寻找可以游泳的河"讲的是一位瑞安企业家因为家乡的河流污染严重，但政府又不重视，便自己出资20万元，力邀环保局局长下河游泳，好"将他一军"。此事很快发酵成热点，浙江电视台对此进行了2个多月的跟踪报道，最终受到习近平总书记的关注和肯定。

据统计，在微博、微信等微传播平台上，话题类信息超过一半，一些媒体频频推出话题类深度报道，大获成功。官兵关注的热门话题，理应作为重要资源，纳入主流报纸深度报道选题的视野中。

（二）发掘新问题、新理念，努力实现故事化表达

深度报道都要"围绕社会发展的现实问题，把新闻事件呈现在可以表现真正意义的脉络中"。显然，深度报道最核心的要素就是问题。没有问题就没有深度，揭示的问题越重要，社会关联度越广，就越有价值。可见，深度报道是一种职业态度：永远追问"问题在哪里"，永远追逐"问题背后的问题"。以此来审视时下的深度报道，其中不少报道块头不小、位置突出，读来却感觉名不副实，最大的问题在于通篇没有问题。这些报道或停留于对已知事实的详尽复述，或将相近事实叠加组合，或借专家之口重复人所共知的分析……

"问题是时代的声音。"我国正处在发展的关键期、改革的攻坚期、矛盾的凸显期，社会各领域、各地区的新矛盾、新问题层出不穷。就国防和军队现代化建设而言，深度报道只有抓住制约部队战斗力的突出问题，抓住改革强军进程中关系官兵切身利益的敏感问题，主动设置议题，广泛凝聚共识，寻求应对之策，传播凝聚时代精神的新理念，才能真正履行好引导舆论、推动工作的职责。《解放军报》刊登的《准备打仗，先向"和平积习"开刀》一文，直指制约部队战斗力发展的根本性、倾向性的矛盾——"和平积习"，撞响了全军官兵乃至国人"心中有，口中无"的警钟，振聋发聩。报道发表后，荣获"中国新闻奖"

一等奖。

深度报道蕴含的"问题意识"加深了内容张力,为故事化表达和吸引力提升开辟了空间。报道还原过程,再现矛盾,梳理举措,展示新理念,突显场景、冲突、细节、悬念、高潮与低谷,为大众提供了引人入胜的新闻故事。

(三)在关注新闻事件的同时,更加重视人物报道

马宝川火了!2017年,《解放军报》的深度报道《追问马宝川》甫一刊出,在调整改革中由师政委改任旅政委的马宝川的故事便引来频频点赞。

传统深度报道以事件为主,但在互联网时代,人物题材的深度报道比重大大增加。比如,军报的《军营观察》版推出的深度报道中,新闻人物的比重较以往明显提高,不少报道成为刷屏之作。从新媒体深度报道的视野来看,腾讯"棱镜"的选题,大多就聚焦于人;而搜狐的原创栏目,则干脆直接叫"新闻当事人"。这是互联网时代各类媒体为了吸引和留住受众而进行的新探索。在新媒体快速迭代、社会迅猛转型的今天,新闻媒体的一项突出功能就是为受众提供令人满意的审美体验,帮助他们诠释自己的人生,获得归属感。在这方面,人物报道具有十分突出的贴近优势。

事件性报道也离不开人物,需要不断叩问新闻当事人的命运和心灵,展示他们的人性。威廉·C.盖恩斯在《调查性报道》一书中强调:"最重要的调查性报道往往是以政治、经济和社会问题为主题,而不是以人物为主题。但是,人物在报道中的作用会随着调查的深入逐渐突显。尽管事件比人的意义更显著,但读者总是对报道中的人物印象深刻,并通过人物在事件中的角色来记忆整个事件,而不是首先记住事件或问题本身。因此,人物调查对于调查性报道具有重要意义。"这种重要意义,无疑在移动互联网时代得到了突显。

(四)着眼增进"悦"读感,加强可视化表达

在融媒体时代,创新表达方式的一个重要方法是可视化。《解放军报》在刊登全军首次向社会公开招考文职人员的公告时,就精心设计了招考程序示意图,并通过二维码链接中国军网的专题报道,公告直观、易记、悦读,产生了"四两拨千斤"的效果。

有研究发现,人获取的信息中,只有20%来自文字,而来自图形和图像的占50%左右。充分调动受众感官的表达方式,无疑能获得更好的传播效果。可视化表达的一个重要手段,就是精选能够反映规律的数据,将其转成图像,

让读者一眼看懂数据本身及其背后的含义,从而加深报道的理性深度,促进报道内容的升华与增值。

此外,顺应受众浅层阅读的习惯要求,机关事业单位深度报道的版面设计应更加重视导读、图片、图表、微评论、背景资料,特别是二维码链接等"碎片"的呈现。每增加一个闪亮的"碎片",就会增加一个吸睛和留住读者的机会。

四、探索机关事业单位深度报道的流程再造

机关事业单位的深度报道已然拥有原创优质内容的基因,但在技术重构传播的格局下,机关事业单位必须拥抱新的传播生态,借助新的传播平台来延伸传播力、扩大影响力。比如,《解放军报》"亲历中国军队冬训·2017"系列报道之所以观者如潮、点赞不断,根本原因是该系列报道在报纸、网站、新媒体上同步发力,文字、图片、视频、3D动图、VR等十八般兵器齐上,充分展示了融媒体传播的魅力。

机关事业单位的重点深度报道,通常在选题深度、信源数量、采访广度等方面拥有雄厚的潜力,理应实现一次采集、多端传播,但事实上,类似"亲历中国军队冬训·2017"这样的报道还比较少见,多数选题往往是发一组文字特稿了事,造成了新闻资源的浪费。倘若能在现有基础上对宝贵的新闻资源再次进行深度地采集、挖掘与利用,优化融媒体的呈现效果,新闻的生产力和影响力上必将产生显著的杠杆效应。

究其原因,无疑与传统媒体的新闻生产流程相对落后等因素有关。为此,机关事业单位在统筹推进媒介融合的过程中,应打破新闻资源的条块分割界限,重构传统媒体与新媒体彼此兼容的新型策、采、编、发、播一体化的深度报道生产流程,对报、网、端、微采访力量实行统一管理,创新项目团队的运作模式,开展重大题材的深度报道。要对丰富的新闻素材、独特的采访过程、多维度的深入思考进行统筹策划、整合开掘、多次使用、多端发布,尽快从报纸深度报道的平面呈现向多端化、可视化转变,还要推动深度报道向纵深传播,通过跟踪报道、线下活动策划呼应,使重要深度报道从线上到纸上,再到线下(活动),然后再到线上、纸上,从而极大地提升传播力、影响力。

"很多新媒体一出生就老了,而一些传统媒体走着走着就新了。"资深媒体人白岩松的话发人深思。互联网为传统媒体带来挑战,也带来融合发展、凤凰涅槃的机遇。只要不懈地用互联网思维、新媒体技术来刷新机关事业单位融媒体中心的新闻生产,未来必将产生更有魅力的深度报道、更有魅力的机关事业单位融媒体。

第七节　舆情危机处置案例

当前,我国正处在经济社会的转型期,各种思想激烈交锋,利益博弈复杂敏感,各种矛盾集中突显。互联网、手机媒体快速发展和普及,人人都是麦克风,信息传播及舆论生成表现出前所未有的便捷性。基于自媒体的这一特点,公众表达自我利益诉求和参与社会管理的热情之高、力度之大前所未有,这也提高了突发事件的出现概率,机关事业单位的舆情应对任务日益艰巨、繁重。突发事件往往很容易受到媒体聚焦和网民关注,特别是与百姓利益相关的重大突发事件,舆论关注度会在短时间内暴增。机关事业单位的一举一动都处在舆论聚光灯下,如果对事件的处置不当,就会再生舆情,推波助澜,让自己陷入舆论旋涡。舆情应对失误会平添质疑,助长谣言,干扰事件处置,损害政府的形象和公信力。那么,当遭遇突发事件时,该如何应对与化解舆情危机呢?总结过去的众多实例可知,要做好突发事件的舆情应对工作,需要遵循"及时准确、公开透明、规范有序、科学适度"这四个原则。

一、及时准确,争夺舆情引导先机

研究表明,突发事件的舆情处置遵循"黄金4小时"原则,事件发生后的4个小时内可能被大量转发,24个小时内就能成为舆论焦点。如果此时机关事业单位不及时发布权威信息,争夺舆情引导先机,正确有效引导舆情,那么,各种谣言就会在公众的质疑声中被不断放大,误导公众,导致事态升级,把舆情危机推向高潮。因此,当突发事件发生后,机关事业单位必须在第一时间赶到事发现场,了解事件情况,跟踪、研判舆情,设置传播议程,组织权威评论,坦诚对待公众,回应社会质疑,与公众展开平等对话,及时展开调查,进行问责处理。机关事业单位只有在事件处理的整个过程中快速反应、及时行动、坦诚处置,才能稳定公众的情绪,杜绝谣言和虚假信息的流传,控制事件处置的话语权,赢得舆情引导的主动权。

二、公开透明,用事实来回应舆论质疑

突发事件发生后,公众往往非常关心事件发生的原因、造成的损失、涉及哪些人等等,并基于社会监督的热情,容易对事件的进展产生怀疑,这时如果政府部门不及时公开相关情况,一些捕风捉影的小道消息就有了生存的土壤,谣言和虚假信息就会充斥网络,给突发事件的处置和政府声誉、公信力带来负面影响。事实上,一些害怕"家丑外扬"的地方官员,总是喜欢千方百计压制媒体报道突发事件,删除网友言论,甚至采取威胁、恐吓、殴打等暴力手段,阻止公众和媒体行使监督职能。结果往往是越打压,就越是吸引了更多的媒体和公众参与监督曝光。暴力应对的手段只会招来更多的批评,导致舆情危机二次爆发,因此,突发事件发生后,机关事业单位要做的不是打压,而是主动、全面、高频次、多渠道地把事件信息发布出去,满足媒体报道的需求和公众的求知欲,赢得舆情引导的主动权。

三、规范有序,避免负面舆情再生

在突发事件中,机关事业单位一方面要严格按照法律法规和政策行事,维护自身良好的公信力;另一方面,还要坚持有序引导的原则,以客观理性的处置方式,回应社会上特别是网络上出现的虚假信息和传闻,引导舆情朝着正面、理性、平和的方向发展,实现法律效果和社会效果的统一。因此,在处置突发事件时,机关事业单位必须考虑普通民众的心理认知,依据社会常识、常理,对事件进行妥善处置,一旦合法性和合理性有冲突,应当充分考虑公众的情绪和心理承受能力,在不损害法律权威的情况下,灵活安抚舆论情绪,避免再次引发舆情危机。

四、科学适度,维护政府公信力

在突发事件舆情引导的过程中,机关事业单位要注意遵循新闻传播的规

律,坚持科学适度的引导原则。首先,回应舆论的话不要说得太绝。突发事件出现后,在面对媒体表态时,说话要留余地,以免授人以柄,陷入被动。其次,面对民意要求,不应过度承诺。在有些情况下,为了安抚公众情绪,一些官员在与公众互动时,容易对媒体作出过度承诺,一旦承诺无法兑现,会使自己陷入被动,承受更大的舆论压力,付出更大的代价。总之,遭遇突发事件,面对骤升的舆论压力,机关事业单位要处变不惊、沉着应对。通过应用舆情监测工具,获取网络舆情动态,了解突发事件出现之后公众和媒体的所说所想,了解舆论背后的民意诉求,然后做出相应的回应和采取合理的措施,从而化解舆情危机。

附件二

案例一 "红黄蓝事件"

《2017年中国互联网舆情研究报告》指出:"红黄蓝事件"的影响力位居第一,成为2017年名副其实的"一号舆情"。"红黄蓝事件"以幼儿园虐童为导火索,之后该事件的各种传闻在互联网上迅速发酵,包括北京市教委、北京市公安局和"老虎团"在内的政府部门和军队均受到严重波及,对政府监管不力和军队可能涉及猥亵的谴责不断,并且有大量网友质疑北京市公安局给出的"监控硬盘损坏"的解释的真实性。从该事件可以看出,这属于典型的社会恐慌危机,其中还包含对北京市公安局的信任危机。

1. 事件回顾

2017年11月22日晚,十余名幼儿家长反映朝阳区管庄红黄蓝幼儿园国际小二班的幼儿遭遇老师扎针、喂不明白色药片,并向媒体提供了孩子身上的针眼的照片。

11月23日晚,各大社交平台出现大量关于此事件的图文和视频,除了虐童以外,有人将该事件毫无依据地与解放军"老虎团"进行了关联。由于涉事对象均为幼童,大量不明真相的网民轻信谣言并开始传播,负面舆论对政府及军队的形象产生了极大的冲击。

11月24日下午,军方发表文章《"老虎团"政委冯俊峰就涉及部队传闻答记者问》,就谣言内容进行澄清,并正面回答了网友关注的热点问题。

11月26日晚,北京警方简要通报了该事件,涉嫌虐童的幼儿教师刘某某被刑拘。

11月28日晚,北京警方对红黄蓝幼儿园事件调查完毕,通报了整个事件的过程。

11月29日,红黄蓝教育机构向全社会发布道歉信。

截至2018年3月,在知乎以"红黄蓝幼儿园"为关键词进行搜索,得到回答数最多的问题是"如何看待红黄蓝幼儿园发生的虐童事件",共有约23000个回答。

2. 网络舆论分析

(1) 事件关注度分析。

对于知乎中的问题,回答数量的多少能够直观显示用户对于该话题的关注程度。

从回答数量可以看出,"如何看待红黄蓝幼儿园发生的虐童事件"这个问题是11月23日创建的,11月24日的回答数达到12371个,随后开始回落,在11月29日又有一个小高峰,之后回答数迅速减少。为了更加显著地看到不同日期的变化情况,将回答数量取以10为底的对数,得到更细致的曲线图,能更清晰地看到,事件在11月23日的关注度很高,在11月24日的关注度到达顶峰,然后迅速回落,而11月29日的关注度又增加了一波,接着再次下降,从12月2日开始,回答数每日少于100。关注度与事件的进展联系紧密,11月23～24日,涉军谣言的传播刚刚开始,是澄清的关键节点,尤其是24日"老虎团"政委冯俊峰直面谣言,进行辟谣,因此关注度达到顶峰。11月28日晚22时,北京警方对整个事件调查完毕后进行情况通报,导致11月29日该事件的关注度又有一定量的提升,之后关注度迅速降低。

从网络关注度的变化可以看到,初始的公共事件、爆炸性的谣言和重要的官方通报是导致网友重点关注的原因,但即使是红黄蓝幼儿园事件这种爆炸性的新闻,其关注度也会随着时间而急剧下降,热度维持一般不会超过3天。

(2)典型回答分析。

评论数量能代表网络关注度的高低,评论内容能反映大量用户的关注点和情绪。从红黄蓝幼儿园事件关键词的词云图来看,涉及人物的名词的出现次数很多,例如,出现次数最高的有"孩子""老师",相关的"医生""幼师""家长""妈妈"等词的出现频率也很高;部门机构相关的词主要有"幼儿园"和"政府";涉及评论情感相关的词主要有"救救""沉默""魔鬼""空荡荡"。

从对象来看,网友普遍关注的是孩子和老师的情况,评论的对象主要是幼儿园和政府;从情感上来看,无论是"救救""沉默"还是"魔鬼"都反映出了网友对此事的极度愤慨。值得注意的是,在官方通报造谣者之后,类似于"真相""证据""造谣"等涉及理性对待的关键词出现的频率并不高。

3.政府回应分析

(1)军队回应。

从事件回顾中可以看到,11月23日晚有人将"老虎团"和红黄蓝幼儿园集体猥亵进行关联并传播,11月24日上午,该部队政委就召开了新闻发布会,回应了网络质疑,并澄清了相关事实。此后,"军报记者"微信公众号、《解放军报》网络版、人民日报客户端等网络媒体在全网发布,有力地打击了谣言。不仅如此,在国防部11月的例行记者会上,国防部新闻发言人吴谦也就该事件进行了评论,明确指出"不允许任何人以任何方式伤害任何一个孩子,不允许任何人以任何方式诋毁我们的子弟兵",矛头直指涉军谣言。

军队回应的总体特点是速度快,23日晚谣言大范围传播,24日上午就召开新闻发布会进行澄清。不仅如此,在澄清过程中,该政委如实、详细地公布了调查结果,取得了很好的辟谣效果。此外,网络媒体迅速跟进,让真实情况被朋友圈、微博、各大新闻媒体等大范围转发,使涉军谣言的热度迅速下降,取得了较好的效果。

(2)警方回应。

从事件回顾中可以看出,北京警方针对该事件共进行了两次回应,首先是11月26日,警方简要通报了该事件,涉嫌虐童的幼师刘某某被刑拘。然后,11月28日,警方详细通报了整个事件,并拘留了编造"老虎团"人员集体猥亵幼儿虚假信息的刘某。

从时间上来说,警方回应的时间过慢,使得网上针对警方的舆论发酵很快。11月22日晚事件发生,到26日第一次通报,中间相隔近4天的时间。客观上讲,这也与警方的调查任务很重有关,例如,对受害儿童的检查、涉事人员的口供和证据搜集、整个幼儿园情况的摸查等等。因此,相较于军方,警方的回应时间太晚,使得网民对于警方可能包庇的怀疑加重。不仅如此,在28日公布的详细情况通报中,警方说幼儿园的视频监控硬盘损坏,未能获取所有的视频监控信息,由此引发了网友的普遍质疑,导致网友产生对警方的不信任危机。

(3) 教育部门回应。

由于幼儿园归政府的教育部门管理,因此事件发酵之后,网友对教育部门的质疑和批评声络绎不绝。11月24日,"老虎团"澄清了事实之后,北京市教委和教育部也对该事件进行了回应。其中,北京市教委要求区、园积极配合公安机关做好相关事件的调查和依法、依规处理工作,并在全市范围内进行幼儿园安全隐患的大排查。与此同时,教育部也作出回应,部署开展幼儿园办园行为专项督查,要求各地教育部门对此类事件一定要引以为戒,规范办园行为,加大监管督查力度。

从时间上来说,教育部门的回应早于警方回应,离事发仅两天,时间并不晚。而且从回应的内容来看,教育部门已经开始进行处理和防范工作,也能得到部分网民的理解。因此,从应对效果来说,教育部门的回应并没有引发太多的不信任。

案例二　上海小学教材"外婆改姥姥"事件

1."外婆改姥姥"事件还原

第一阶段:征兆期

早在2017年2月,有网友以"一年级寒假作业涉及严重错误"为题向上海市教育委员会进行投诉。网友质问:"试问上海地区的学生称呼妈妈的妈妈'姥姥'吗？这是上海,不是北方,孩子无法适应,也无法理解,难道上海本地的文化不需要传承、不需要保护吗？上海有称呼长辈的方法,为何要用北方的称呼？"网友依此呼吁教育部门快速整改并公开道歉。随后,上海市教育委员会进行网上回复,认为"姥姥"是普通话词语,"外公""外婆"属于方言。上海是国际化大都市,作业中的改动有利于共建和营造多元、包容、开放、和谐的社会环境。

第二阶段:发作期

2018年6月中旬,有网友在网上反映,上海教育出版社出版的小学二年级语文课本第24课《打碗碗花》原文的"外婆"被改成了"姥姥",并贴出了百度百科搜索出的修改前的课文截图。随后,在2017年2月,上海市教育委员会之前答网友提问的截图被扒出,舆情开始迅速发酵。有网友调侃:"以后不能唱《外婆的澎湖湾》,要改唱《姥姥的澎湖湾》了！"杭州知名餐饮连锁企业"外婆家"在微博上发表"抗议":"我们是外婆家,不是姥姥家。"诸多知名网络大V也在网上发表反对的看法。

第三阶段:延续期

面对蓬勃发展的舆情,2018年6月21日晚,上海教育出版社在网上发表了《关于沪教版二年级第二学期语文教材将"外婆"改为"姥姥"的说明》,解释把"外婆"改成"姥姥"是为了落实该学段识字教学任务的需要。学生在认读"姥"字前已经认读了"外""婆"两字,而该学段需要认读"姥"字。上海市教育委员会对此说明进行全文转发。但这个解释没有获得网友的认同,并再次引发网友讨论。有网友挖出上海教育出版社侵犯作者知识产权被告上法庭的"黑历史",还有网友表示"作为孩子启蒙读本的语文教科书,我们有责任吹毛求疵,有责任让它尽善尽美"。舆情危机呈蔓延态势。

第四阶段:"痊愈"期

2019年6月23日,上海市教育委员会在网上发表声明,表示将迅速整改,将课文中"姥姥"一词恢复为原文的"外婆",同时,向作者和社会各界致歉,表示今后会从中吸取教训,提升教材质量。

随后,上海教育出版社也在网上进行回应,但被网友批评是"复制上海市教委的声明,敷衍了事,缺乏诚意",舆论再起波澜。此后,舆情慢慢平息,"外婆改姥姥"事件告一段落。

2. "外婆改姥姥"事件折射出政府部门舆情应急管理中存在的问题

(1) 征兆期对舆情危机的苗头辨识不准,缺乏危机意识。

网络舆论具有突发性、扩散性、从众性、负面性和非理性等特点,不仅会使事件变得异常复杂,还能给社会带来巨大影响。这就要求政府部门时刻具有危机意识,具有捕捉网络舆情的敏感性和分析舆情信息的素质,在完备的网络舆情预警系统下,能够做到及时妥善处理,防患于未然。在"外婆改姥姥"事件中,上海市教育委员会在2017年就遇到过网友提出类似的疑问,但并没有高度重视,给出的答复站不住脚,这也成为日后被网友"吐槽"的"槽点",相关部门因此被批驳得无话可说。可见,相关部门的危机意识不强,舆情预警机制不健全,在处理舆情时没有进行准确的预估,答复草率,存在侥幸心理,对危机苗头的辨识力不强,没有从网络舆情应急管理的角度采取有意义的举措来推进事件的解决,因此也就错过了化解危机的最佳时机。

(2) 发作期对舆情危机的处置不力,与社会大众沟通不足。

在一个有着8亿多网民、网络媒体尤其是自媒体高度渗透、各种网络行为日益活跃、各类网络言论传播迅速的社会,舆情危机爆发的起因日渐多元化、多变化和复杂化,因此,要能够在复杂的局面下把握舆情发展规律,快速地适应复杂的舆论环境,就必须建立完善的网络舆情应急管理机制,在舆情监测、预警、研判、处置、修复等环节层层布控,步步为营,这样,机关事业单位才能改变自身在舆情危机中的被动局面。在"外婆改姥姥"事件中,上海市教育委员会在2018年6月21日当天,一共发布了8条官方微博,其中只有1条是关于"外婆改姥姥"的,而这条微博也只是转发上海教育出版社的声明,并没有配其他文字,也就是说,政府部门并没有表明自己的立场。面对微博网友对上海市教委的微博成千上万的评论,上海市教委选择了冷处理的方式,这就使负面舆论肆意蔓延。上海市教育委员会没有采取任何积极的应急措施,无疑助长了舆情危机蔓延的态势。

(3) 延续期舆情应急管理能力不足,引发次生危机。

在网络时代,如果舆情危机期的应急管理工作不力,那么随着舆情的快速发酵,舆情危机的蔓延则不可避免。在网络舆情的延续期,机关事业单位如果进行适当的舆论引导,就能扭转网民对政府"不作为"的印象;反之,若无法满足网民的信息需求与心理期待,势必会造成新一波的舆论浪潮,引发次生危机。纵观"外婆改姥姥"事件,政府部门在舆情爆发的第二天就作出了回应,但是快不等于好,官方回应缺乏说服力,引发网友质疑,进而引发次生危机。次生危机危机形成的原因,主要有以下几个:一是政府部门缺乏危机应急管理意识,存在侥幸心理,对网络舆情的演变规律判断有误,没有意识到自己的所作所为会引发连锁反应;二是政府部门缺乏统筹管理,作为涉事责任方的上海教育出版社和上海市教育委员会没有共同规划,形成合力,推进事情的解决;三是政府部门没有运用好网络自媒体,没有搭建与网友沟通的平台。

(4)"痊愈"期一波三折,余震不断,错失挽回形象的良机。

在"痊愈"期,危机事件的舆情会随着焦点问题的解决而逐渐平息,但它所造成的不良影响难以消除。因为网络具有记忆性,所以,这种阴影一旦在群众心里留下烙印,就会严重影响组织的声誉,致使其事后常常成为人们的消遣谈资或负面教材。在此次"外婆改姥姥"舆情事件中,相关部门始终缺乏应急管理意识,一直没有采取沟通互动、听取民意、安抚民心等积极作为的方式,致使此事件即使在"痊愈"期中也是一波三折,多次反转,余震不断,也使相关部门失去了挽回形象、重塑公信力的最后时机。

3. "外婆改姥姥"事件的舆情应急管理启示

在网络媒体背景下,舆情危机已经由非常态化的偶发转变为常态化的频发,机关事业单位要吸取"外婆改姥姥"这类事件的教训,提高自身应对和化解舆情危机的能力和素质。

(1)始终坚持走网络群众路线,更新舆情应急管理的思想和观念。

在网络舆情应急管理中,政府部门要始终坚持全心全意为人民服务的宗旨,时刻牢记以人民为中心的发展观点,切实走好网络群众路线,快速、平稳地度过危机时期。首先,要快速对危机作出反应。所谓"好事不出门,坏事传千里",相关事件插上网络传播的"翅膀"之后,在传播过程中"把关人"的缺失以及信息的病毒式复制传播,将使危机事件的影响陡然扩大,因此,机关事业单位一定要将危机控制在最短的时间和最小的范围内,用最快的速度来控制事态发展,并在第一时间向社会公众通报事件的起因与进展,安抚公众情绪,防止危机进一步扩散。其次,要及时承担责任。机关事业单位应急管理的目的就是化解危机、降低损害,最终获得公众的谅解和支持。事实上,公众心中都有一杆秤,对相关责任方有心理上的预期。面对危机,冷战对抗、推诿扯皮、逃避责任都不是正确的处理方式,而及时承担责任、勇于承认错误、做出行动表率则是危机事件中政府部门体现胸怀与担当、智慧与决心、树立良好形象的绝佳方式。最后,要保障公众的知情权、参与权、表达权和监督权。政府部门处于舆情危机中时,其一举一动都会受到网民的关注,因此,事件责任方千万不能抱有侥幸心理,企图蒙混过关,而应该积极回应公众,做到"拍砖能接,灌水能导,民有所呼,我有所应",做到问计于民,提升决策的科学性与合理性,做到主动接受公众的监督,确保与群众的良性沟通。

(2)建立与健全网络舆情危机应急管理机制,使危机应对更加合理、科学和有效。

在互联网每每成为舆情危机事件策源地的当下,建立与健全舆情危机应急管理机制是我国政府部门在网络媒体环境下化解网络舆情危机的必然选择,有助于使危机应对更加合理、科学和有效。第一,要建立与健全危机监测机制。要防患于未然,就要建立全方位、多层次、全网全时段的危机监测机制,通过采用"人工+技术"的立体化监测手段来监测、采集网上的相关信息,经过分类、聚合、比对、分析等步骤形成结果,使机关事业单位能够掌握舆情动态,及时发现潜在的不利因素。第二,要建立与健全舆情危机预警机制。根据舆情事件的性质,按照常规与突发等指标,制订预警分类标准;根据舆情事件的影响力,按照重大、较大、一般等指标,制订预警分级标准。同时,根据敏感舆情的分级分类标准,设定相应的预警发布制度和预警响应办法。第三,要建立与健全舆情危机研判机制。在此环节中,要根据舆情事件所暴露的问题、舆情话题的敏感性、相关群体的诉求、组织的声誉与公信力状况、舆论的关注走向等情况,对网络舆情的发展趋势进行客观、全面、具有前瞻性的分析和判断,作为政府部门下一步行动的参考依据。第四,要建立与健全舆情危机处置机制。处置就是对舆情危机事件的具体应对。古今中外的学者提出过许多可借鉴的具体措施和技巧,例如,美国学者威廉·班尼特提出了"危机应对五大战略方法",英国危机公关专家里杰斯特提出了"3T原则",我国著名危机管理专家游昌乔从实际操作角度提出了"5S原则"等。身处危机旋涡中的政府部门可以参考和使用这些方法。第五,要建立与健全舆情危机修复机制。政府部门在公信力与形象因为舆情事件而受到影响后,就要考虑通过正面舆论引导、网评引导、与网络意见领袖线下沟通互动等措施来修复自身形象。

(3) 构建完善的网络舆情危机应急管理工作体系,提高政府部门应急管理的素质与能力。

互联网是我国未来发展的最大变量。习近平总书记指出:"我们过不了互联网这一关,就过不了长期执政这一关。""善于运用网络了解民意、开展工作,是新形势下领导干部做好工作的基本功。"因此,各机关事业单位要把网络舆情应急管理作为一个新的执政领域,投入更多的精力。首先,要健全专门的网络舆情应急管理机构。专门的网络舆情应急管理机构要在平时就做好网络媒体条件下的舆情监测和预警工作,以便在面对突发危机时,能够及时开展舆情研判、处置和修复工作。其次,要以网络舆情应急管理机构为主体,加强各个部门的协同治理,共同将危机的不利影响减小至最低程度。再次,要培养专业化的舆情危机应急管理人才队伍。培养一支政治觉悟高、大局意识强、专业素质硬、动手能力强的舆情危机应急管理人才队伍,对于提高政府部门的危机应对水平、塑造良好的政府形象来说具有非常重要的意义。最后,要进一步完善舆情危机中的政府新闻发言人制度。网络媒体对新闻发言人的素质和能力要求很高,他们除了具备一般新闻发言人的条件之外,还要能够与网民群众沟通互动。这就要求网络媒体背景下的政府部门新闻发言人学会使用网民群众喜闻乐见的"网言网语",贴近群众、贴近实际、贴近生活,只有这样,才能真正实现同网民群众的沟通、对话,促成网络舆情危机的有效化解。